Especialização Judicial

Uma solução econômica para a administração da justiça

F962e Furlan, Fernando de Magalhães

Especialização judicial: uma solução econômica para a administração da justiça. / Fernando de Magalhães Furlan. São Paulo: Singular, 2017.

120 p.

ISBN: 978-85-86626-95-2

1. Corte Especializada. 2. Administração. 3. Gestão Estratégica. 4. Concorrência. I. Título.

CDU: 342.9

Revisão: Paula Brito Araujo

Diagramação de miolo e capa: Microart Design Editorial

Editora Singular

Tel/Fax: (11) 3862-1242

www.editorasingular.com.br

singular@editorasingular.com.br

Fernando de Magalhães Furlan

Especialização Judicial

Uma solução econômica para a administração da justiça

1ª edição

EDITORA SINGULAR

São Paulo
2017

Prefácio

Aluisio de Lima Campos

Professor Adjunto da *American University*
Washington College of Law
Programa em Comércio, Investimentos e
Desenvolvimento
Presidente do ABCI Institute

A obra de Fernando Furlan, desenvolvida durante seu período como *visiting scholar* na *American University Washington College of Law*, em Washington, D.C., no primeiro semestre de 2017, foi fruto de extensa pesquisa não só da literatura relevante, mas também das práticas junto às cortes especializadas em temas econômicos. Muito me honrou acompanhar o trabalho do autor e ter a oportunidade de conversar sobre o tema em profundidade.

O livro apresenta sólida análise dos desafios para a administração da justiça em temas de enorme complexidade como o direito da concorrência, o comércio exterior e a regulação das atividades econômicas. A partir da premissa de que o Estado deve se adaptar à crescente complexidade da sociedade, o trabalho busca avaliar em que medida a especialização judicial pode contribuir para uma prestação jurisdicional mais equitativa e eficiente.

O autor defende que a especialização judicial pode implicar maior previsibilidade e maior segurança jurídica, melhorando o ambiente institucional e jurídico para o planejamento e a execução de negócios, bem como para a atração e a manutenção de investimentos. Ademais, promove maior eficiência decorrente da repetição e da padronização das tarefas, das competências e da experiência dos juízes; favorece maior uniformidade das decisões na medida em que a concentração da competência material implica centros de decisão menos difusos; além de promover melhoria na qualidade das decisões proferidas, como resultado do aumento da exposição dos julgadores a temas correlatos. O estabelecimento de juízos especializados ainda contribui para aliviar a carga dos juízos generalistas em causas de maior complexidade, o que resulta em ganhos de eficiência na prestação da justiça fora dos âmbitos da especialização. De forma a avaliar a medida do êxito dessas medidas, o autor apresenta exemplos reais de implantação da especialização da prestação jurisdicional na seara econômica, desenvolvendo análises por meio do uso do Direito Comparado para substanciar as teses apresentadas.

Por fim, tendo exposto o tema, o autor apresenta as possíveis soluções para a evidente necessidade de especialização da Justiça Brasileira na esfera econômica. O autor defende uma opção de configuração da prestação jurídica baseada na redefinição da organização judiciária da Justiça Federal, de modo a estabelecer uma ou mais varas com competência para resolver questões relacionadas aos temas econômicos. Alternativamente, o autor apresenta a possibilidade de se criarem varas de competência concorrente e privilegiada, como uma solução de compromisso. Nessa configuração, determinadas varas federais teriam a exclusividade na distribuição dos casos especializados, e acumulariam a competência generalista, mas de forma subsidiária. De uma ou outra forma, ampliar-se-ia a justiça distributiva no Brasil, trazendo maior celeridade, qualidade e segurança jurídica nas relações econômicas, com resultados positivos na criação de ambiente propício à atração e à retenção de investimentos.

Acredito que o trabalho do autor reflete pleno entendimento do que é necessário para a especialização de varas federais em temas econômicos de difícil absorção, como é o caso da defesa comercial e da defesa da concorrência. É também, a meu ver, particularmente valioso para informar a fase de implementação da Resolução n.

445/2017 do Conselho da Justiça Federal que ora se inicia. O objetivo final que todos almejamos, e para o qual a presente obra de Furlan é de alta relevância, é atingir maior segurança jurídica e, no que tange às leis provenientes dos acordos multilaterais de comércio, minimizar a vulnerabilidade do Brasil a questionamentos através do Sistema de Solução de Controvérsias da Organização Mundial de Comércio.

Washington, D.C., 28 de julho de 2017

Apresentação

Ricardo Villas Bôas Cueva

Não poderia ser mais oportuna a publicação de *Especialização judicial: uma solução econômica para a administração da Justiça*, de Fernando de Magalhães Furlan, notadamente em vista da Resolução n. 445, de 7 de junho de 2017, por meio da qual o Conselho da Justiça Federal recomenda aos Tribunais Regionais Federais que especializem varas federais nas áreas de Direito da Concorrência e do Comércio Internacional. A especialização judicial nessas áreas atende a antigos reclamos dos profissionais que nelas militam e das autoridades administrativas competentes, sempre atentos à necessidade de que o controle jurisdicional dos atos administrativos seja tempestivo e adequado aos mais altos padrões de capacitação técnica.

O autor tem vasta experiência nos dois campos, pois ocupou importantes cargos na administração federal, seja na defesa da concorrência, seja na promoção do comércio internacional, e conhece como poucos a importância da especialização judicial em temas de alta complexidade que exigem conhecimento técnico específico. Agora, no aprofundado estudo realizado durante sua estada como *visiting scholar* no *American University Washington College of Law*, na capital dos Estados Unidos, o autor conseguiu sintetizar, de forma concisa e percuciente, a ampla produção acadêmica sobre o tema, sem perder de vista a análise concreta das experiências já existentes.

Como bem acentuado pelo autor, a especialização judicial apresenta inúmeras vantagens, dentre as quais o contínuo aprimoramento dos magistrados em áreas pouco exploradas nas faculdades de Direito e a criação de jurisprudência uniforme e previsível, em benefício da segurança jurídica. Além disso, apesar de o Judiciário ser por definição um poder inerte, que só se movimenta por provocação, a especialização pode fomentar um importante diálogo institucional com o Poder Executivo, no qual decisões judiciais antecipam metas de políticas públicas e acabam por influenciá-las.

A especialização pode também, como lembrado na obra, contribuir significativamente para a redução de erros de julgamento e para que se alcance maior coerência nos julgados. Um achado curioso e até certo ponto contraintuitivo revela que, perante juízos especializados, a qualidade do trabalho apresentado pelos advogados tende a se tornar menos relevante para o resultado da demanda, pois a decisão passa a depender mais da informação e menos da capacidade de argumentação, o que reforça a isonomia substantiva entre as partes do processo.

Já há várias experiências bem-sucedidas tanto na Justiça comum como na Justiça Federal, valendo destacar, nesta última, as varas de lavagem de dinheiro e de crimes financeiros, que acabaram por redimensionar o combate a esses delitos, emprestando-lhe maior celeridade e efetividade. Quase sempre, as varas especializadas têm competência exclusiva sobre determinada matéria. A novidade introduzida na Resolução n. 445/2017 é a possibilidade de especialização de varas federais já em funcionamento, agregando-lhes novas competências. Além de não implicar aumento de despesa, a medida enseja maior adaptabilidade ao perfil e ao volume das demandas judiciais, que passarão a ser decididas em primeiro grau por juízos especializados.

O livro de Furlan, que reúne cuidadosa revisão do marco teórico e das práticas existentes, com certeza contribuirá significativamente para os debates acerca da especialização judicial no Brasil.

Brasília, 31 de julho de 2017

Sumário

1. Introdução

"Let judges secretly despair of justice: their verdicts will be more acute.
Let generals secretly despair of triumph; killing will be defamed.
Let priests secretly despair of faith: their compassion will be true"[1].

Leonard Norman Cohen, 1961

Os juízes são responsáveis pela última palavra do Estado nas relações sociojurídicas numa democracia. Representam o derradeiro controle dos atos do próprio Estado e das relações entre particulares. Mas ao juiz não cabe somente interpretar e aplicar a lei, a ele se espera que corresponda à Justiça, ainda que dentro dos limites estabelecidos pela Constituição.

A administração da Justiça é, portanto, não somente o melhor direito aplicado a situações concretas, mas o direito aplicado da forma a mais eficiente, rápida e consistente, por julgadores empenhados, informados e atualizados. Conferir justiça é mais do que distribuí-la equitativamente, é mantê-la funcionando de forma qualificada, breve e estável. Isso demanda diagnóstico, planejamento e execução.

---

1. "Deixe os juízes secretamente se desesperarem de Justiça: seus vereditos serão mais precisos. Deixe os generais secretamente se desesperarem do triunfo; a matança será difamada. Deixe os sacerdotes secretamente se desesperarem da fé: a sua compaixão será verdadeira" (tradução livre).

O fato de que os recursos judiciais são escassos e não podem ser ampliados infinitamente apresenta um problema familiar: como fazer o melhor uso de uma "mercadoria limitada"[2]. A própria teoria econômica fornece uma resposta típica: a divisão do trabalho por meio da especialização do sistema judicial.

O principal objetivo da presente obra é aprofundar a investigação de diferentes experiências internacionais na criação e operação de cortes especializadas em temas específicos, com ênfase nas matérias econômico-empresariais, bem como as melhores práticas e, naturalmente, a doutrina.

A pesquisa e o trabalho acadêmicos foram realizados durante participação no Programa Internacional de Pesquisadores Visitantes (*International Visiting Scholars Program*), em 2017, na *Washington College of Law* (Faculdade de Direito de Washington) da *American University*[3].

As atividades acadêmicas desempenhadas tiveram por objetivo contribuir com o debate sobre a criação e operação de varas federais especializadas em temas econômico-comerciais no Brasil e, eventualmente, no MERCOSUL e BRICS.

A Justiça especializada não é novidade. Na Franca[4], por exemplo, o Conselho de Estado (*Conseil d'*État) é um órgão do governo na-

---

2. JORDAN, Ellen R. Specialized Courts: A Choice? *Northwestern University Law Review*, 1981, vol. 76, n. S. 76 Nw. U. L. Rev. 745 1981-1982. Available through: Pence Law Library, Washington College of Law, 2017.
3. Programa Internacional de Acadêmicos Visitantes (*International Visiting Scholars Program*), 2017. Título do projeto de pesquisa acadêmica: "Experiência internacional e melhores práticas na criação e operação de cortes especializadas em temas econômico-comerciais" ("*International experience and best practices on the creation and operation of specialized trade-economic courts*"). Professor anfitrião: Aluísio de Lima-Campos, professor adjunto da Faculdade de Direito da American University.
4. A maioria dos juizados especializados no sistema jurisdicional francês é abrangida pela categoria geral de tribunais administrativos – em vez de judiciais – dispostos numa estrutura hierárquica, cujo ápice é o Conselho de Estado. As cortes administrativas decidem questões envolvendo contratos governamentais, ações judiciais contra o governo, controvérsias fiscais selecionadas e apelações de decisões emitidas por órgãos administrativos. Embo-

cional francês que atua como consultor jurídico do Poder Executivo e como órgão jurisdicional de última instância para casos envolvendo o Estado francês, seja por atos administrativos ou como parte numa controvérsia. As decisões de juízes administrativos espalhados pelo país também poderão ser revistas pelo conselho. Foi criado em 1799 por Napoleão Bonaparte.

Além da Franca, a Inglaterra[5], a Bélgica[6] e a Alemanha[7], dentre vários outros países europeus, também adotam sistemas judiciais com

---

ra tais ações tipicamente envolvam disputas entre o governo e particulares ou corporações, algumas envolvem disputas entre departamentos governamentais independentes. As distinções jurisdicionais entre os tribunais administrativos e judiciais não são tão precisas como se pode suspeitar. Existem tribunais judiciais especiais para resolver questões trabalhistas, previdenciárias e "rurais". Além disso, os tribunais judiciais lidam com litígios envolvendo impostos indiretos, condenações de terras e responsabilidade municipal em casos envolvendo motins ou outros distúrbios públicos.

5. Um dos mais antigos e mais renomados tribunais comerciais, o Tribunal de Comércio, um dos Tribunais Reais de Justiça em Londres, lida com casos complexos decorrentes de disputas comerciais, tanto nacionais como internacionais. Há especial ênfase no comércio internacional, nas atividades financeira e bancária, *commodities* e arbitragem. Os Tribunais Reais de Justiça incluem vários tribunais afiliados, incluindo o Tribunal do Almirantado, a Divisão da Chancelaria, o Tribunal Mercantil de Londres e o Tribunal de Construção e Tecnologia. No final de 2011 foram inauguradas as moderníssimas novas instalações do Tribunal de Comércio de Londres, com o objetivo de igualar a reputação de classe mundial do Reino Unido para o direito empresarial que atrai disputas de todo o mundo. A nova "super-corte" proporcionará 29 salas de julgamento, 12 salas de audiência, 44 salas de consulta pública e instalações de espera para as partes envolvidas em processos. Espera-se que isso consolide o trabalho desenvolvido pela Divisão de Chancelaria, pelo Tribunal de Comércio e pelo Tribunal de Tecnologia e Construção. A corte atrairá para si todos os casos relacionados às empresas e aos negócios dos Tribunais Reais de Justiça, tais como marcas e patentes, processos de construção técnica, casos de almirantado (detenção de navios) e litígios contratuais internacionais. Para fins administrativos, o Tribunal de Comércio de Londres permanecerá ligado ao Grupo de Tribunais Reais de Justiça.

6. Os tribunais comerciais especializados têm competência em litígios comerciais envolvendo valores acima de cinquenta mil euros. Um tribunal especializado em arbitragem tem jurisdição para resolver os conflitos entre (i) leis promulgadas pelo Parlamento Nacional e decretos ratificados pelos legislativos locais ou regionais/provinciais, (ii) entre decretos promulgados por

variados graus de especialização[8]. Na verdade, de acordo com o relatório *Doing Business*[9] do Banco Mundial, trata-se de um fenômeno global, pois a criação de cortes especializadas foi uma das reformas mais comuns empreendidas no mundo entre 2005 e 2006, por exemplo.

Nos Estados Unidos, onde a organização do Poder Judiciário é competência exclusiva do Congresso, a última mudança legislativa criou, além da estrutura clássica dos juízes federais com jurisdição abrangente[10], os juízes administrativos, também conhecidos como juízes legislativos[11], com atuação limitada a áreas específicas e vinculados a agências e órgãos da Administração Pública Federal, com poderes *quasi*-judiciais e cujas decisões podem ser revistas pelos tribunais federais clássicos[12].

Na própria América Latina temos exemplos bastante recentes e bem-sucedidos como o do Tribunal da Concorrência do Chile,

---

vários legislativos locais ou regionais/provinciais e (iii) entre essas leis e decretos e dispositivos selecionados da Constituição.

7. Aproximadamente 25% dos juízes do sistema judicial alemão atuam em sistemas judiciais especializados em matéria de direito administrativo, tributário e fiscal, trabalhista e previdenciário. Os tribunais do trabalho têm jurisdição em litígios entre empregadores e empregados que decorrem de relações de trabalho, questões de negociação coletiva e codeterminação empresarial na medida em que as relações de trabalho estão envolvidas. Os tribunais administrativos têm jurisdição sobre questões de direito administrativo, tais como zoneamento, imigração, licenças estaduais - inclusive aquelas sob regulamentação de comércio exterior. A competência dos tribunais fiscais inclui questões fiscais gerais e estende-se aos direitos aduaneiros e outros impostos que envolvem o comércio internacional e exterior. Os tribunais sociais exercem jurisdição em litígios que se enquadram na legislação social, como a seguridade social e os cuidados públicos obrigatórios de saúde.
8. ZIMMER, Markus B. Overview of Specialized Courts. *International Journal for Court Administration*, August 2009. Disponível em: <http://www.iaca-journal.org/articles/abstract/10.18352/ijca.111/>. Acesso em: 18 abril 2017.
9. World Bank. *Doing Business 2007 - How to reform*. Disponível em: <http://www.doingbusiness.org/reports/global-reports/doing-business-2007>. Acesso em: 21 abril 2017
10. Juízes do artigo III da Constituição Estadunidense.
11. Juízes do artigo I da Constituição dos Estados Unidos da América, os *Administrative Law Judges* (ALJs).
12. Tribunais de Apelação dos Estados Unidos (*United States Courts of Appeals*).

cujas decisões somente podem ser revistas pela Corte Suprema do país; e dos juizados especializados em defesa da concorrência e regulação das telecomunicações, no México, seguindo uma recente reforma constitucional.

Mesmo no Brasil, a Justiça também se especializou e as áreas mais conhecidas são a eleitoral, a militar e a do trabalho. Mas há também especializações em nível estadual como as varas de falência e recuperação judicial e as da Fazenda Pública. Mais recentemente também houve louváveis especializações como:

I. Varas federais especializadas em crimes contra o Sistema Financeiro Nacional e de lavagem ou ocultação de bens[13], famosas internacionalmente por conta, inclusive, do caso "Lava-Jato" e do juiz especializado Sergio Moro[14]; e as diversas varas empresariais[15] no estado do Rio de Janeiro.

---

13. Hoje no Brasil já são 27 varas federais especializadas em crimes contra o Sistema Financeiro Nacional e de lavagem ou ocultação de bens. Elas estão em 14 estados e no Distrito Federal. Em outros 12 estados, os casos denunciados pelo Ministério Público ainda são distribuídos entre varas criminais comuns. São Paulo concentra 2.968 processos desse tipo em andamento; Mato Grosso do Sul tem 613; Paraná, 331; Ceará, 314; Rio de Janeiro; 302 processos; e o DF, 91.

14. Sérgio Fernando Moro, juiz federal da 13ª Vara Criminal Federal de Curitiba/PR, especializada em crimes financeiros, de lavagem de dinheiro e praticados por grupos criminosos organizados. Trabalhou como Juiz instrutor no Supremo Tribunal Federal durante o ano de 2012. Cursou o *Program of Instruction for Lawyers* na Harvard Law School em julho de 1998 e possui título de mestre e doutor em Direito do Estado pela Universidade Federal do Paraná (UFPR). Participou do *International Visitors Program* organizado em 2007 pelo Departamento de Estado norte-americano com visitas a agências e instituições dos EUA encarregadas da prevenção e do combate à lavagem de dinheiro. É Professor Adjunto de Direito Processual Penal da Universidade Federal do Paraná (UFPR).

15. Atualmente, há na comarca da capital do estado do Rio de Janeiro sete varas empresariais, que concentram ações atinentes à arbitragem, ações coletivas relativas ao Direito do Consumidor, falências e recuperação judicial, execuções por quantia certa contra devedor insolvente, direito societário, propriedade industrial e nome comercial; causas em que a Bolsa de Valores for parte ou interessada e Direito Marítimo. O desafio da Justiça fluminense nessas varas especializadas, de acordo com o advogado carioca Felisberto Caldeira Brant, entrevistado pelo autor em 7 de abril de 2017, é que há litígios complexos, em que fica difícil definir, com rapidez e precisão, se a competência é

II. Varas federais especializadas[16] em propriedade industrial e intelectual, inclusive marcas e patentes, e benefícios previdenciários do regime geral (INSS), no Tribunal Regional Federal da 2ª Região (RJ, ES)[17].

III. Varas empresariais no estado de Minas Gerais[18].

IV. Varas federais especializadas em matéria de saúde (3ª vara de Curitiba e 1ª, 2ª, 4ª e 5ª varas de Porto Alegre); além de outras iniciativas estratégicas importantes.

Tais iniciativas em prol de mais bem administrar a Justiça, ao menos no caso brasileiro, vêm ao encontro de pesquisa realizada pelo Instituto de Estudos Econômicos, Sociais e Políticos de São Paulo (IDESP), em 2000, que demonstrou que 89% da classe em-

---

das varas empresariais ou das varas cíveis. Tanto mais quando a competência é especializada, e, portanto, deve ser interpretada restritivamente. Tudo o que não estiver contido nos incisos, alíneas e números da norma que definiu a competência especializada deve, obrigatoriamente, ser remetido às varas cíveis. De acordo com o causídico carioca, "nada muito grave, pois o juiz pode enviar de ofício para outra vara (especializada ou não), mas quando se trata de 'guerra de liminares', um erro pode ser fatal".

16. 9ª, 13ª, 25ª e 31ª Varas Federais no Rio de Janeiro-RJ.
17. Artigo 25 da Resolução 42/2011 do TRF2.
18. Há hoje duas varas empresariais na comarca de Belo Horizonte com competência para processar e julgar os feitos relativos às seguintes matérias: falência, recuperação judicial, resolução, dissolução e liquidação de sociedades empresariais e seus respectivos incidentes; homologação de plano de recuperação extrajudicial; litígios societários concernentes à constituição, deliberação, transformação, incorporação, fusão e cisão de sociedade empresária; liquidação extrajudicial ou ordinária de sociedade empresária; registro do comércio e propriedade industrial; incorporação de créditos ao patrimônio da massa falida; direito de retirada de que trata o art. 137 da Lei federal n. 6.404, de 15 de dezembro de 1976; as ações, e seus respectivos incidentes, de execução específica de cláusula compromissória, proposta com fundamento no art. 7º da Lei n. 9.307, de 23 de setembro de 1996; os pedidos de cumprimento ou execução de sentença arbitral, promovidos na forma do art. 475-I e seguintes da Lei n. 5.869, de 11 de janeiro de 1973, que institui o Código de Processo Civil, bem como as impugnações oferecidas pelo executado; as ações para decretação da nulidade ou anulação de sentença arbitral, propostas com base no art. 33 da Lei n. 9.307, de 1996.

presarial brasileira avaliava a agilidade do Poder Judiciário como "ruim" ou "péssima"[19].

A Confederação Nacional da Indústria (CNI) lançou em junho de 2016 a "Agenda Internacional da Indústria"[20], e dentre as mais importantes medidas defendidas está a "Desburocratização do Comércio Exterior - por meio do aumento da segurança jurídica e da redução dos tempos de decisões com varas especializadas em comércio exterior no Judiciário brasileiro". Foi a primeira vez que a CNI elaborou um documento específico para ampliar a inserção internacional das empresas brasileiras.

O Instituto Brasileiro de Opinião Pública e Estatística (IBOPE), ao realizar estudo[21] em 2005 para avaliar a confiança da população brasileira em suas instituições, revelou que dentre quatorze organizações investigadas, o Poder Judiciário ocupava a sétima colocação, atrás da Igreja Católica, das Forças Armadas, dos jornais, das redes de televisão, dos sindicatos e dos advogados.

De acordo com Sadek[22], para "ilustrar o descontentamento social para com o serviço prestado pelo Poder Judiciário", levantamentos de institutos especializados, como *Vox Populi*, Data Folha, IBOPE e Gallup, mostram que, em média, 70% dos entrevistados não confiam no sistema de justiça brasileiro.

Uma das conclusões de estudo sobre a criação de varas especializadas em Defesa Comercial, publicado em 2012[23], foi a de que

---

19. SADEK, Maria Tereza. Judiciário e Sociedade. Rio de Janeiro: Fundação Getúlio Vargas, 2006, p. 34.
20. CONFEDERAÇÃO NACIONAL DA INDÚSTRIA - CNI. *Agenda Internacional da Indústria 2016.* Disponível em: <http://www.portaldaindustria.com.br/agenciacni/noticias/2016/06/cni-lanca-agenda-internacional-com-propostas-para-ampliar-comercio-exterior/>. Acesso em: 16 maio 2017.
21. Idem, p. 35. Apud CABRAL, Marcelo Malizia. *Administração Judiciária*: caminho para a construção de um Judiciário mais eficiente e legítimo, 2010. Disponível em: <http://m.migalhas.com.br/depeso/109777/administracao-judiciaria-caminho-para-a-construcao-de-um-judiciario>. Acesso em: 02 maio 2017.
22. Ibidem, p. 13. Apud CABRAL, Marcelo Malizia, Op. cit.
23. LIMA-CAMPOS, Aluísio de; KRAMER, Cynthia. Criação de Varas Especializadas em defesa comercial: uma necessidade para o comércio exterior brasileiro. *Revista do IBRAC*, São Paulo, ano 19-22, jul.-dez. 2012.

havia necessidade de melhoria do nível de conhecimento técnico-jurídico especializado em temas de comércio exterior por parte dos julgadores federais.

A confusão entre conceitos fundamentais[24] como: (i) características, objetivos e limitações de cada um, além de diferenças decisivas entre o antidumping e as medidas compensatórias e as salvaguardas; e (ii) o momento determinante da incidência da norma para fins de cobrança de medidas aplicadas, por exemplo, foram as situações mais apontadas.

A especialização judicial é um fenômeno mundial que acompanha a tendência de especialização profissional não somente na seara jurídica, mas em todas as áreas do conhecimento humano.

A necessidade de especialização de juízes não é diferente daquela dos advogados e acadêmicos que buscam se adaptar às exigências de uma sociedade crescentemente complexa e que depende da atividade jurisdicional do Estado para uma miríade de situações e soluções.

É uma questão que irá se repetir com crescente frequência à medida que os "atrasos judiciais conspirarem com a maior complexidade social e tecnológica"[25] para estimular cada vez mais cortes especializadas em áreas jurídicas amplamente diversificadas.

A crescente penetração de entidades e órgãos do Poder Executivo nas finanças, nos negócios e na economia, exatamente para contrabalançar as poderosas forças econômicas, exige uma crescente preocupação em tornar o controle sobre os atos administrativos realmente efetivo.

Posner considera que talvez o problema jurídico central do nosso tempo seja "harmonizar o 'direito em ação' com o 'direito dos

---

24. ÁRABE NETO, Abrão M.; BONOMO, Diego Z. Tribunal especializado em comércio exterior. *Valor Econômico*, 03/07/2012. Disponível em: <http://www.valor.com.br/imprimir/noticia/2735934/brasil/2735934/tri>. Acesso em: 04 maio 2017.

25. LEGOMSKY, Stephen H. *Specialized justice*: courts, administrative tribunals, and a cross-national theory of specialization. New York: Oxford University Press, 1990, p. 4.

livros'"[26]. A enorme atividade legislativa iniciada há cerca de uma geração se preocupava com questões intrincadas e técnicas. A doutrina geral que governava os serviços públicos era bastante simples. Contudo, as "mais sutis dificuldades foram encontradas na sua aplicação. Problemas de direito tornaram-se problemas de administração"[27]. Foram, então, necessários novos instrumentos de especialização e precisão. O direito tinha que atender às exigências de uma era de especialização.

Para fazer frente a essas exigências de uma sociedade industrial mais complexa, as cortes ou tribunais especializados surgem como uma resposta possível para exercer o controle sobre os sucessivos campos de legislação emanada do Executivo. Para Root, "as questões jurídicas administradas por eles chega a ser tão diversificada que faz nascer novos ramos do direito administrativo"[28].

Afinal, às vezes se diz que os juízes implementam políticas públicas feitas por outros Poderes. Mas para muitas questões, o oposto é verdadeiro: os juízes fazem política pública e outras instituições respondem à sua liderança[29], pois as restrições de jurisdição, impostas pelo princípio da inércia judicial, podem limitar a capacidade de formulação de políticas públicas dos juízes, mas "não os impedem de participar ativamente do processo de sua construção"[30]. As decisões judiciais podem "antecipar metas de políticas públicas e mostrar que a justiça individual pode também influenciá-las"[31].

---

26. POSNER, Richard A. *Federal Courts*: crisis and reform. Cambridge: Harvard University Press, 1985.
27. FRANKFURTER, Felix; LANDIS, James M. *The business of the Supreme Court*: a study in the federal judicial system. New York: The Macmillan Company, 1972, p. 146.
28. ROOT, Elihu. Public Service by the Bar. 41 AM. Bar Assn. Rep. 355, 368.
29. VAN HORN, C. E.; BAUMER, D. C.; GORMLEY, W. T. *Politics and Public Policy*. 3rd. CQ Press: Washington, DC, 2001. Vol. xiii, 366. p. 183.
30. EPSTEIN, L.; KNIGHT, J. *The Choices Justices Make*. CQ Press: Washington, DC, 1998. Vol. xviii. p. 200.
31. CHRISTENSEN, Robert K.; KREIS, Anthony M. Courts and Policy in the U.S. *Encyclopedia of Public Administration and Public Policy*, Third Edition, 2015. DOI: 10.1081/E-EPAP3-120053550, p. 707.

Contudo, se os juizados e tribunais crescerem somente de forma horizontal, haverá mais juízes e oficiais judiciais a entregar mais decisões, elaboradas sob as mesmas premissas e sobre as mesmas questões. Isso produzirá maior incoerência jurídica, dando origem a ainda mais litígios.

Embora o problema da incoerência possa ser resolvido por meio da introdução de novas esferas recursais, ainda assim haverá uma proliferação de decisões, ainda que de forma vertical. Nesse contexto, "se os tribunais não podem crescer para fora, e se crescer para cima também não é útil, o que resta é a diferenciação"[32].

32. MEADOR, Daniel J. An Appellate Court Dilemma and a Solution Through Subject Matter Organization, *16 U. Mich. J.L. Reform 471*, 475-82 (1983).

2. Argumentos favoráveis à especialização

"If the advocates must be specialists, can we wholly ignore the need for some specialization in the judicial systems?"[33]

Chief Justice Warren Burger, 1982

2.1. A relação custo-benefício

O sopesamento da relação custo-benefício na concepção e operação de juizados especializados é não somente natural, mas também indicada para se evitar o dispêndio de tempo e recursos, humanos e financeiros, de maneira desnecessária ou inconsistente.

As características de exclusividade e limitação dos juizados e tribunais especializados criam diversos benefícios e custos. Esses benefícios e custos podem ser classificados em quatro linhas principais de raciocínio: "(a) desenvolvimento do capital humano judicial; (b) criação de jurisprudência e doutrina uniformes e previsíveis; (c) impacto do sistema legal na economia política; e (d) ganhos na gestão eficiente dos tribunais"[34].

---

33. "Se os advogados precisam ser especialistas, podemos ignorar completamente a necessidade de alguma especialização nos sistemas judiciais?" (Juiz Warren Burger, presidente da Suprema Corte dos Estados Unidos, 1982 - tradução livre).
34. KESAN, Jay P.; BALL, Gwendolyn G. Judicial experience and the efficiency and accuracy of patent adjudication: an empirical analysis of the case for a Specialized Patent Trial Court. *Harvard Journal of Law & Technology*, Volume 24, Number, 2 Spring 2011 (24 Harv. J. L. & Tech. 393 2010-2011), p. 400.

Como, afinal, podemos avaliar se a especialização influencia o resultado do caso ou a qualidade e utilidade da decisão? Como a especialização promove a proficiência e o quanto ela é útil para o julgador?

Alguns comentaristas[35] argumentam que "depois da nomeação de um juiz para uma corte especializada específica, a sua proficiência tende a aumentar". A repetição de casos semelhantes solidifica a compreensão do julgador em relação a subáreas específicas, e a diversidade de casos dentro da jurisdição especializada pode preencher as lacunas no conhecimento do julgador sobre o conjunto das matérias sob a sua responsabilidade.

Os juízes especializados tendem a se tornar hábeis em questões substantivas e processuais que envolvem determinadas matérias, especialmente as altamente técnicas. Disso certamente devem resultar decisões mais precisas. Algumas dessas matérias poderão exigir treinamento extralegal como, por exemplo, fundamentos econômicos, finanças, engenharia e ciências aplicadas[36].

Além disso, juizados especializados podem estimular o surgimento de advogados especializados que incentivem o julgador a se manter atualizado e com uma formação contínua. Por sua vez, os julgadores têm um forte incentivo para investir o tempo necessário para aprender mais sobre áreas do conhecimento jurídico nas quais eles permanecerão engajados.

Advogados e servidores são também falíveis e juízes especializados podem reduzir a probabilidade de "inadvertência simples"[37], numa determinada decisão. Isto é, por sua experiência e conhecimento conseguem compensar descuidos de advogados e auxiliares.

---

35. WOODWARD D. R.; LEVIN, R. M. In Defense of Deference: Judicial Review of Agency Action, *31 Administrative Law Review*, 329, 332, 1979. Apud LEGOMSKY. Op. cit., p. 8.
36. BRUFF, Harold H. Specialized Courts in Administrative Law. HeinOnline: *43 Admin. L. Rev.* 329, 199. Available Through: Pence Law Library, Washington College of Law.
37. LEGOMSKY, Stephen H. Op. cit., p. 9.

Também podem reduzir a chance de uma parte ganhar ou perder um caso similar apenas por causa de um desequilíbrio na qualidade da advocacia. Além disso, a presença de mais de um julgador na mesma área de especialização e até no mesmo local físico permite um intercâmbio mais produtivo entre os juízes.

A utilidade do conhecimento especializado depende, naturalmente, do estágio do processo. "Presumivelmente, a especialização do julgador é mais importante nas fases iniciais do processo"[38], quando os fatos, depoimentos, testemunhas, documentos e todo o acervo dos autos estiver sendo colhido e as primeiras decisões sendo tomadas.

Isso porque não há decisão prévia a considerar, o julgador terá que construir o caso por conta própria. "À medida que o caso avance para instâncias recursais, a necessidade de conhecimentos especializados tende a diminuir"[39], pelo menos se o julgador de primeira instância houver expressado bem o seu raciocínio e a sua conclusão, bem como tratado corretamente evidências e testemunhos.

Embora se admita que alguma familiaridade com uma determinada área específica do direito possa ser útil para um juiz desempenhando funções recursais, acredita-se que os benefícios de conhecimentos mais específicos e especializados seriam apenas marginais nesse caso, ao contrário do que ocorre com juízes de primeira instância.

Legomsky pondera que "quanto maior o escopo da escolha do julgador, mais essencial é a compreensão profunda dos objetivos de políticas públicas relevantes, a redução da inadvertência, a coerência e a minimização da dependência das habilidades dos advogados envolvidos na controvérsia"[40].

Em fases posteriores da adjudicação, o papel tipicamente limitado de um tribunal de revisão, apelação ou recursos, em questões de fato e ponderação de evidências, diminui o valor da especialização.

---

38. LEGOMSKY, Stephen H. Op. cit., p. 9.
39. Idem, p. 9.
40. Ibidem, p 22.

Em relação a questões fáticas e colheita de evidências, típicas das instâncias iniciais de um processo, a especialização pode ser favorável pois[41]:

a. a familiaridade com matérias jurídicas interconectadas facilita a compreensão e a inquirição de especialistas e peritos;
b. permite melhor avaliação de informações e dados técnicos de áreas como a economia;
c. a repetição de temas correlatos melhora o entendimento de fontes recorrentes de evidência e permite ao julgador uma melhor avaliação da influência e legitimidade dessas fontes sobre a qualidade da evidência.

A especialização também promove a eficiência na medida em que permite a redução do tempo necessário para que os advogados brifem e esclareçam o julgador sobre aspectos básicos de uma determinada área de especialização[42]. Essa redução de tempo acaba tendo repercussões financeiras, tanto para o Erário quanto para as partes do litígio.

Para a juíza da Suprema Corte dos Estados Unidos Sandra Day O'Connor, "não há dúvida de que quando um juiz tem uma especialização em uma área ou campo do direito, esse juiz pode se preparar para audiências com menos tempo e pode resolver problemas mais rapidamente e talvez melhor"[43].

Nos Estados Unidos, atualmente 28 estados contam com cortes de negócios (*business courts*) ou cortes especializadas em litígios complexos[44]. As cortes de negócios têm sido principalmente "uma

---

41. Ver entrevista com o Juiz Jeffries da Alta Corte da Nova Zelândia (*New Zealand High Court*). Apud LEGOMSKY, Stephen H. Op. cit., p. 10.
42. LUBBERS, Jeffrey S. A unified Corps of Administrative Law Judges (ALJs): A proposal to Test the Idea at the Federal Level, 65, *Judicature 266*, p. 274.
43. MIDDLETON, Martha. Specialty courts: two more Justices speak out. *American bar Association Journal* (January), 69:23, 1983.
44. BERGAL, Jenni. Business Courts Take on Complex Corporate Conflicts. The Pew Charitable Trusts, Oct. 28, 2015.

divisão de um tribunal maior, com jurisdição limitada a alguns tipos de disputas comerciais, presididas por apenas alguns juízes especializados, com ênfase na gestão agressiva de casos"[45].

Essas cortes de negócios foram criadas "sob a premissa da inovação, eficiência e flexibilidade, especificamente adaptadas às necessidades dessas jurisdições"[46]. Enquanto algumas cortes de negócios são fisicamente separadas, com o seu próprio e exclusivo magistrado, outras estão integradas a um registro geral baseado em critérios de distribuição pré-estabelecidos.

As variáveis mais comuns entre essas cortes de negócios dizem respeito a: (i) retenção de um montante mínimo de controvérsias sobre negócios para critérios jurisdicionais de inclusão e distribuição; (ii) aceitação de transferências de jurisdição em todo o estado, distrito ou região abrangida; ou (iii) se a inclusão deve se limitar a apenas uma região específica. Adicionalmente, as jurisdições que adotam cortes de negócios devem decidir se os casos serão automaticamente atribuídos a elas, com base apenas em critérios de especialização pré-estabelecidos, ou se uma transferência está subordinada a um pedido das partes ou a recomendação do magistrado responsável[47].

A maioria dos modelos de cortes de negócios incorpora um conjunto complexo de litígios econômico-empresariais a uma lista preexistente de controvérsias genéricas. Tal modelo tem sido preferido porque permite que juízes já estabelecidos possam se responsabilizar por essas demandas judiciais complexas, sem a necessidade de nomeação de juízes exclusivos para a corte de negócios, reduzindo custos[48].

---

45. PEEPLES, Ralph and NYHEIM, Hanne. Beyond the Border: An International Perspective on Business Courts. 17:4 Bus. L. Today, Mar/Apr 2008.
46. PITTMAN, Spence C. Business Courts: Specialized Courts for Complex Business Litigation. 87 Okla. B.J. 805 2016, p. 806. Available through: Pence Law Library, Washington College of Law.
47. DRAHOZAL, Christopher R. Business Courts and the Future of Arbitration. *10 Cardozo J. of Conflict Resol. 491*, 496, 2008.
48. PITTMAN, Spence C. Op. cit., p. 806.

Aspectos da eficiência comparativa podem parecer óbvios para qualquer advogado ou juiz sem a necessidade de verificação empírica. Entretanto, já é possível realizar análise comparativa de desempenho, com as introduções altamente bem-sucedidas de cortes de negócios em Nova York e em Chicago. Em Nova York, o julgamento de casos comerciais aumentou 35% em 1993 (ano em que os juízes especializados começaram a atuar) em relação a 1992, uma eficiência atribuída à introdução dos juízes especializados[49]. O resultado de tais eficiências é que, com os mesmos recursos, o trabalho de mais de quatro juízes generalistas pode ser realizado por três juízes especializados (uma redução inicial de 25%).

Em mercados regulados, por exemplo, em que se faz necessário um planejamento de longo prazo e, portanto, é demandado um grau elevado de segurança jurídica e previsibilidade, os benefícios da especialização na promoção da consistência das decisões judicias se tornam ainda mais pronunciados[50].

O dinamismo e a constante evolução de certas áreas do conhecimento jurídico, inclusive aquelas relacionadas à economia e aos negócios, também advogam a favor da especialização.

De outra parte, o volume de litígios em determinadas áreas do conhecimento jurídico é altamente relevante para o estabelecimento de um órgão jurisdicional especializado.

O Grupo de Trabalho sobre a Implementação da Política de Concorrência da Rede Internacional da Concorrência (*International Competition Network* – ICN), por exemplo, publicou um documento de trabalho[51] durante a sua 6ª Conferência Anual em Mos-

---

49. AMERICAN BAR ASSOCIATION. Business courts: towards a more efficient judiciary. *Business Lawyer. 52.3* (May 1997): p. 947-963.
50. CURRIE, David P.; GOODMAN, Frank I. Judicial Review of Federal Administrative Action: Quest for the Optimum Forum. *Columbia Law Review*, Vol. 75, N. 1, January 1975,
51. "Concorrência e Judiciário – Estudo de Casos" (*Competition and the Judiciary. 2nd. Phase - Case Studies*). International Competition Network. Competition Policy Implementation Working Group. 6th ICN Annual Conference Moscow, Russia. May-June, 2007.

cou, Rússia, em maio de 2007. Nesse documento, a ICN reafirmou que "a falta de conhecimentos especializados sobre questões de concorrência pelo Poder Judiciário é uma questão crucial que afeta a implementação da política de concorrência, especialmente para os países em desenvolvimento".

Quando um sistema de tribunais de jurisdição geral é premido pelo volume de casos, e todos os esforços razoáveis para reduzir o número total de casos já foram feitos, então três opções básicas se colocam[52]:

- criar novos juizados de jurisdição genérica;
- expandir o tamanho dos juizados de competência geral existentes; ou
- grupos selecionados de casos para juizados especializados.

Em relatório[53] publicado em 2016, a Organização para a Cooperação e Desenvolvimento Econômico (OCDE) defende que a especialização do Judiciário é uma questão de grau e pode variar entre a especialização parcial e completa. A especialização judicial, de acordo com aquela organização plurilateral, pode implicar pelo menos três vantagens:

a) maior eficiência decorrente da repetição e padronização das tarefas, das competências e da experiência dos juízes que analisam e compreendem as evidências e os argumentos econômicos. A eficiência pode ser medida por meio de indicador de duração da revisão judicial. Tempos de revisão menores gerarão maior certeza nos mercados, e o estabelecimento de prazos de conclusão da revisão judicial é uma prática positiva;
b) a uniformidade das decisões é alcançada por meio da concentração de casos semelhantes e de áreas correlatas em cortes

---

52. CURRIE, David P.; GOODMAN, Frank I. Op. cit., p. 63.
53. ORGANIZAÇÃO PARA A COOPERAÇÃO E DESENVOLVIMENTO ECONÔMICO (OCDE). A Resolução de Casos de Concorrência por Cortes Especializadas e Generalistas (*The Resolution of Competition Cases by Specialized and Generalist Courts*), 2016.

específicas. Uma maior especialização em assuntos determinados e uma redução do número de juízes responsáveis promoverão a uniformidade de forma natural. Quanto maior a uniformidade na interpretação em temas jurídico-econômicos, maior a certeza e a previsibilidade no mercado; e

c) a melhoria da qualidade das decisões é resultado do aumento da habilidade e da experiência na aplicação correta de ramos relacionados do direito às evidências de um caso. Além disso, quando os juízes discordam, ainda que parcialmente, ou invertem as decisões administrativas quando equivocadas, isso pode ter um efeito na qualidade das decisões emitidas pelas próprias autoridades administrativas.

Aquele relatório também enfatiza outros fatores que influenciam o desempenho das cortes judiciais, tanto de jurisdição geral quanto especializada, envolvidas com temas econômico-empresariais. Dentre eles destacamos:

a) especialistas (economistas e demais profissionais) internos ou externos podem ajudar os juízes a interpretar evidências econômico-gerenciais e avaliar o seu valor probatório. Idealmente, os especialistas devem defender as suas próprias posições econômico-gerenciais, e tais posições devem estar firmemente fundamentadas em conceitos e modelos econômicos e na razoabilidade gerencial;

b) as competências técnicas dos servidores do Judiciário são essenciais para o desenvolvimento de uma especialização em matérias econômico-comerciais. Essas competências podem ser desenvolvidas e apoiadas num robusto sistema de formação continuada nessas matérias. A perspectiva internacional também é essencial para se ter acesso às melhores práticas e experiências de outras jurisdições;

c) devem ser adotados sistemas de gestão sólidos para uma administração confiável e transparente dos processos judiciais, bem como para a produção sistemática de bases de dados e estatísticas sobre os resultados obtidos; e

d) o orçamento da corte é um meio eficaz para aumentar a performance e reduzir a duração dos litígios. A experiência internacional mostra que o investimento em infraestrutura e tecnologia da informação contribui para tanto.

A OCDE[54] pondera que quando as cortes e tribunais são de jurisdição geral e a concentração de casos da mesma natureza não for possível, os juízes podem usar outros meios para complementar os seus próprios conhecimentos e experiências, como, por exemplo, a realização de audiências de instrução e esclarecimentos com as partes, antes dos julgamentos, e a utilização de peritos econômicos ou profissionais especializados para ajudar a estruturar o processo de coleta de fatos e dados e o entendimento de questões complexas para facilitar a compreensão por juízes de jurisdição geral.

Afinal, mesmo que o volume de casos em áreas específicas do direito não seja muito grande, a carga de trabalho nas cortes e tribunais generalistas seria sensivelmente reduzida, desde que os casos transferidos fossem suficientemente complexos, o que disponibilizaria uma boa porção do tempo dos juízes generalistas.

Em estudo realizado com juízes generalistas e, em especial, juízes de falência (*bankrupcy judges*) nos EUA, que são certamente especialistas, Rachlinski, Guthrie e Wistrich descobriam que o nível de dependência do pensamento intuitivo dos juízes de falência era comparável ao do de juízes generalistas. Entretanto, os juízes de falência se saíram melhor em desconsiderar alegações que prejudicariam a qualidade da sua tomada de decisão. Tal resultado deixou aberta a possibilidade de que a especialização dos juízes de falência ajude a melhorar os processos pelos quais eles tomam decisões[55].

---

54. ORGANIZAÇÃO PARA A COOPERAÇÃO E DESENVOLVIMENTO ECONÔMICO (OCDE). A Resolução de Casos de Concorrência por Cortes Especializadas e Generalistas (*The Resolution of Competition Cases by Specialised and Generalist Courts*), 2016.

55. GUTHRIE, Chris; RACHLINSKI, Jeffrey J.; WISTRICH, Andrew J. The "Hidden Judiciary": An Empirical Examination of Executive Branch Justice, 58 DUKE L.J. 1477, 1479 (2009).

No contexto brasileiro, consoante levantamento realizado pelo Conselho Nacional de Justiça (CNJ)[56] em 2009, as ações judiciais envolvendo agências reguladoras e CADE e que foram finalizadas, apresentaram tempo de processamento médio de 36 meses. Para as ações judiciais ainda pendentes de decisão há um prazo estimado de processamento de 50 meses.

Enquanto ainda em curso uma ação judicial, as decisões administrativas oscilam entre ter os seus efeitos suspensos (geralmente por meio de medidas liminares ou cautelares) e serem restabelecidas em diversos graus recursais. Em um cenário no qual o Judiciário dá margem à insegurança e à incerteza para depois confirmar decisões administrativas, o estudo do CNJ indaga se uma jurisdição específica para lidar com essas disputas, em um foro célere e especializado, não seria uma resposta.

56. AZEVEDO, Paulo Furquim de; FERRAZ JUNIOR, Tercio Sampaio; MARANHÃO, Juliano Souza de Albuquerque. *As inter-relações entre o processo administrativo e o judicial, sob a perspectiva da segurança jurídica do plano da concorrência econômica e da eficácia da regulação pública*. São Paulo: USP, 2011. Relatório da pesquisa. Disponível em: <http://www.cnj.jus.br/images/pesquisas-judiciarias/Publicacoes/relat_pesquisa_usp_edital1_2009.pdf>. Acesso em: 15 maio 2017.

3. Argumentos contrários à especialização

Alguns críticos das cortes especializadas percebem-nas como desnecessárias num sistema político com separação de poderes. O argumento é o de que, de uma perspectiva funcional, os objetivos atendidos por juízes especializados se sobrepõem consideravelmente àqueles atendidos por órgãos ou entidades administrativas e que "não há distinção genuína entre juízes especialistas e burocratas"[57].

Os juízes especializados também teriam uma visão restrita ao seu campo de atuação e à legislação aplicável. Eles seriam, portanto, funcionalmente indistinguíveis dos burocratas, que também têm especialização e um foco limitado de políticas públicas.

As cortes especializadas criariam, assim, redundância e ineficiência, razão pela qual seriam relativamente desnecessárias, pois à medida que os juízes se especializam, perdem a qualidade que os distingue claramente dos legisladores administrativos. "Parece haver poucas razões para se ter dois especialistas separados, um juiz e outro burocrata, gerando políticas públicas nos mesmos campos."[58]

Quanto a isso, de início cabe registrar que, na realidade brasileira, a questão da visão limitada do juiz especializado seria mitigada, já que, consoante o sistema de ingresso por concurso público, o juiz inicia a sua carreira de magistrado como um generalista, com

57. SHAPIRO, Martin. *The Supreme Court and Administrative Agencies*. New York: Free Press, 1968, p. 52.

58. Idem, p. 53.

um conhecimento abrangente, integrado e sistêmico do ordenamento jurídico, independentemente de sua atuação profissional prévia.

No mais, como afirmado por Isaac Unah, "redundância não é, e não precisa ser, sinônimo de ineficiência"[59]. Ela acrescenta confiabilidade e previsibilidade a um sistema que, do contrário, seria muito mais custoso e caótico[60].

Há argumentos, também, no sentido de que a especialização pode exigir maiores deslocamentos das partes, advogados, julgadores e assistentes, dada a natural concentração geográfica das cortes especializadas, podendo criar despesas adicionais. Além disso, a sazonalidade no volume de processos pode deixar os julgadores especializados ou muito ocupados, ou ociosos.

Outros consideram desnecessária a especialização do juiz, ao menos quando a oportunidade do contraditório permite que as partes em conflito, ou seus representantes, deem ao juiz todas as informações especializadas que considerem essenciais. O mesmo seria válido quando os julgadores tivessem acesso a assessoria ou apoio especializados.

Quanto a isso, o contra-argumento seria o de que aqueles que, em última instância, são encarregados de tomar decisões mais bem cumpririam os deveres de seu cargo maximizando a sua própria compreensão e minimizando a sua dependência de opiniões de outros, sem deixar de utilizá-las quando realmente necessário.

Não obstante, Posner[61] argumenta que a concentração da atividade judicial pode sufocar a "polinização cruzada de ideias jurídicas" de uma corte para outra. Isto é, o construtivo e estimulante

---

59. UNAH, Isaac. *The Courts of International Trade*: Judicial Specialization, Expertise and Bureaucratic Policy Making. Ann Arbor: University of Michigan Press, 1998, p. 9.

60. LANDAU, Martin. Redundancy, Rationality, and the problem of duplication and overlap. *Public Administration Review*, 29:346-58.

61. POSNER, Richard A. Will the Federal Courts of Appeals survive until 1984? An essay on delegation and specialization of the judicial function. 1983, *Southern California Law Review* 56:761-91, p. 787.

debate de teses jurídicas e casos concretos entre os colegas juízes seria, em grande medida, reprimido.

Resta saber, portanto, se a instituição de algumas cortes especializadas em meio a uma maioria de cortes generalistas não desencadearia o efeito exatamente oposto. Vale dizer, que o debate entre os juízes especialistas não somente enriqueceria o intercâmbio de teses jurídicas, como aprofundaria a sua especificidade e qualidade. Ao intensificar o debate sobre questões mais específicas e aprofundadas, o julgador não estaria negando a importância do conhecimento sistêmico e transversal do direito, mas, a partir dele, ampliando o alcance das normas.

Outro "vício" apontado[62] seria o de que a concentração da atividade judicial em determinada(s) corte(s) poderia levar a uma maior influência de grupos de interesse sobre os juízes, ou mesmo a sua captura. Um conceito amplamente aceito em análise institucional e formação de políticas públicas é que sempre que a definição dessas políticas e a tomada de decisões se concentram nas mãos de poucos atores, aumenta a probabilidade de que uma comunidade de interesses ou empreendedores tente moldar o processo e os resultados.

Quanto a isso, parece ser mais um problema do lado do comportamento, postura, personalidade e caráter do julgador do que uma característica exclusiva das cortes especializadas. Isto é, tais grupos de interesse, corporações e advogados sempre estarão lá, perante corte generalista ou especializada. É do próprio jogo democrático e do acesso irrestrito a Justiça, não sendo, portanto, algo atribuível unicamente à especialização.

Além disso, a proximidade profissional não deve se confundir com a pessoal, ainda que se admita a social, *cum grano salis*. A concentração da atividade judicial em poucas cortes especializadas, outrossim, também significa maior exposição e, consequentemente, controle e fiscalização.

62. BAUMGARTNER, Frank R.; BRYAN, D. Jones. *Agendas and instability in American Politics*. Chicago: University of Chicago Press, 1993.

Outras possíveis desvantagens de cortes especializadas incluem o perigo de que os juízes adquiram um "viés sistemático"[63], ou seja, tornem-se tendenciosos, ou de que a corte especializada seja menos prestigiosa e, portanto, atraia candidatos menos qualificados.

Durante os debates nas comissões do Congresso dos Estados Unidos no início do século XX sobre a criação de tribunal aduaneiro (*Court of Customs Appeals*), a ideia de um "tribunal especializado no sistema judicial federal norte-americano encontrou o medo da novidade". Tal tribunal, insistiam alguns senadores, "adquiriria os vícios da especialização: estreiteza e parcialidade"[64].

Com o passar do tempo, no entanto, e as novas modificações no sistema judicial estadunidense, restou claro que a especialização judicial não somente foi positiva, como mereceu ser ampliada.

---

63. REED, Patrick C. *The role of Federal Courts in U.S. Customs & International Trade Law*, 1997, Oceana, p. 20.
64. FRANKFURTER, Felix; LANDIS, James M. *The business of the Supreme Court*: a study in the federal judicial system. New York: The Macmillan Company, 1972, p. 151.

4. Cortes multijurisdicionais

"The very need for economy and expertness that led to the development of administrative agencies led to the demand for the same qualities on the part of the courts sitting in judgement of these agencies."[65]

Felix Frankfurter and James M. Landis, 1982

Nos Estados Unidos, por exemplo, uma questão importante na evolução do direito do comércio internacional e sua litigiosidade envolveu a escolha entre a jurisdição de cortes especializadas ou generalistas[66]. Em geral, as decisões do Congresso estadunidense de atribuir determinadas classes de casos a cortes especializadas estão embasadas em três considerações[67]:

a) o uso de cortes especializadas pode aliviar a carga de trabalho dos juizados generalistas, quer diminuindo o volume de casos, quer removendo casos demorados?;

65. "A própria necessidade de economia e especialização que levou ao desenvolvimento de agências administrativas (reguladoras) levou à exigência das mesmas qualidades por parte das cortes que julgam essas agências."
66. DREYFUSS, Rochelle C. Specialized Adjudication, *1990 B.Y.U. L. Rev. 377*.
67. CURRIE, David, P.; GOODMAN, Frank. I. Judicial Review of the Federal Administrative Action: Quest for the Optimum Forum, *75 Clumn. L. Rev. 1* (1975).

b) pode promover consistência e uniformidade nas áreas relevantes do direito, garantindo que todos os litígios envolvendo essas áreas sejam ouvidos e decididos nos mesmos fóruns (*fora*)?; e

c) permite que os juízes desenvolvam uma melhor compreensão e conhecimentos técnicos em áreas complexas do direito?

Do mesmo modo que um volume elevado de casos pode prejudicar o funcionamento de juizados de jurisdição geral ou genérica, um volume reduzido pode tornar a adjudicação especializada ineficaz. A razão de existência de cortes especializadas é o reforço da perícia, do conhecimento aplicado, da consistência e da eficiência que a especialização pode trazer. Todos esses benefícios, contudo, exigem uma carga suficiente de casos a resultar nessas externalidades positivas.

Um baixo volume de casos poderá ser fatal para o funcionamento de um sistema de adjudicação especializada, principalmente se houver também uma necessidade de dispersão geográfica. Um pequeno volume de casos já é inconveniente o suficiente, mas ter que encontrá-los em segmentos ainda menores exacerba o problema.

Analisando a situação, Legomsky indica que, se, por exemplo, for necessário que a adjudicação de uma classe de casos esteja disponível regularmente em vários centros populacionais importantes, e o volume total desses casos for pequeno, então os juízes especializados "poderão ficar frequentemente ociosos ou as suas jurisdições terão de ser tão significativamente ampliadas que já não poderão mais ser consideradas especializadas"[68].

A solução pode estar, então, na concepção de juizados multijurisdicionais, ou seja, onde mais de uma matéria do direito será tratada pelo julgador.

Essa abordagem multijurisdicional, ou multiespecializada, seria mais capaz de produzir analogias frutíferas já que a combinação

68. LEGOMSKY, Stephen H. Op. cit., p. 31.

de especialidades pode ser deliberadamente realizada com o objetivo de tornar o processo decisório mais eficiente e produtivo.

Ao ter familiaridade com ramos correlacionados do conhecimento jurídico e de outras áreas[69], o juiz mais bem se posicionaria que aquele com uma especialidade única, e estaria ao menos na mesma posição do juiz generalista na tarefa de promover consistência nas decisões judiciais.

À medida que a exposição dos juízes a áreas específicas seja mais dispersa do que no caso de uma especialização única, a influência de determinados "litigantes frequentes" naquela matéria também irá diminuir, protegendo o julgador de algum tipo de eventual captura.

Assim também se evita que os julgadores acabem se ensimesmando, ou seja, fiquem exagerada e indevidamente autoconfiantes sobre os seus próprios pontos de vista em relação às políticas públicas, e acabem, ainda que inconscientemente, buscando defendê-los em substituição àqueles do Legislativo ou do Executivo.

Com a ampliação da jurisdição de varas especializadas, por meio da atribuição de competência multijurisdicional, ou seja, cobrindo várias áreas de especialidade, torna-se mais viável localizar as unidades jurisdicionais em pequenos centros populacionais ou em localidades mais afastadas. Além disso, a combinação de especialidades pode ser uma maneira eficiente de absorver flutuações no volume de casos.

Nos Estados Unidos, por exemplo, os juízes contam com auxiliares técnico-jurídicos (*law clerks*) capazes de realizar pesquisas jurídicas cuidadosas que podem reduzir a necessidade de especialização judicial e reduzir perigos contingentes da adjudicação especializada.

---

69. Considera-se positivo que o juiz tenha conhecimentos de áreas da ciência humana que se relacionam com o Direito em seus mais variados aspectos: a Economia, a Administração, as Engenharias, a Medicina, as Relações Internacionais, dentre tantas outras.

Por exemplo, em alguns tribunais de apelação do país norte-americano (*U.S. Court of Appeals*) há uma equipe jurídica centralizada que examina os casos distribuídos para avaliar a sua complexidade. Esses profissionais identificam as principais questões e atribuem pesos numéricos aos casos, como uma estimativa aproximada do tempo necessário e demandado de cada juiz para a solução dos processos.

Essas avaliações preliminares permitem que a equipe técnica atribua casos a "turmas especializadas"[70] de juízes ou "grupos de casos", em que questões comuns são decididas em conjunto e a carga de trabalho permanece razoavelmente uniforme entre as turmas ou grupos. É de suma importância que os grupos de casos possam ser combinados com turmas especializadas de juízes, por meio de um processo aleatório de distribuição, administrado pela equipe técnica da corte.

Um papel judicial mais amplo favorece a concepção de unidades especializadas, "familiarizadas com as políticas públicas substantivas subjacentes"[71].

Um volume crescente de ações judiciais totais resulta, naturalmente, na necessidade de criação de mais juizados e, portanto, na maior dificuldade em alcançar uniformidade decisória em nível nacional. Nesse contexto, a especialização judicial também pode ajudar. Uma significativa carga de ações por juizado ou vara torna operacionais, no nível local, muitas das vantagens da especialização que uma grande carga total traz no nível nacional.

Quando a carga de casos de uma única unidade jurisdicional é grande, a probabilidade de que a especialização fomente a experiência e a eficiência é reforçada. O mesmo se aplica à consistência. Um grande volume de ações agrava a dificuldade de monitorar todos os precedentes de um tribunal e manter um grau razoável de coerência

70. *Panels.*
71. Ver entrevistas realizadas por Stephen H. Legomsky com juízes da Alta Corte de Justiça da Nova Zelândia. Apud LEGOMSKY, S. Op. cit., p. 90.

jurisprudencial. Essa é uma questão que a concentração judicial em um campo especializado pode ajudar a minimizar.

Além disso, na medida em que um grande volume de casos similares eleva o grau de familiaridade do julgador especialista com os assuntos específicos, a sua capacidade de identificar e relacionar casos semelhantes em outras circunscrições judiciais também é reforçada.

Da mesma forma, uma crescente carga de ações suaviza os problemas de eficiência associados à especialização, assegurando que os juízes especialistas não ficarão ociosos e as flutuações no número de casos serão brandas ao longo do tempo.

Um dos perigos da adjudicação especializada é a concentração de poder em um pequeno grupo de julgadores. Quando uma classe de casos é volumosa o suficiente para manter ocupados alguns juízes, o impacto das opiniões individuais de um único juiz é diminuído.

Por outro lado, quando as áreas de adjudicação especializada forem definidas de forma demasiadamente limitada[72], mesmo em um tribunal de jurisdição abrangente, esse tipo de dispersão decisória pode ser incomodamente vasto, o que tornaria irrealista a especialização.

Mas, se forem utilizados sistemas de adjudicação com especialidades múltiplas e interconectadas, então um tribunal com uma grande carga de casos poderia atribuir, com bastante exatidão, especialidades combinadas a um número significativo de juízes.

Alguns dos próprios ministros do Supremo Tribunal Federal brasileiro já têm se manifestado a respeito das diferenças das varas especializadas, já existentes na Justiça Federal, e aquelas generalistas.

Em palestra no V Seminário Luso-Brasileiro de Direito, o ministro Gilmar Ferreira Mendes afirmou que "o Judiciário brasileiro de primeira instância não é a 13ª vara de Curitiba, responsável pela

72. Incluindo somente uma ou outra matéria, de alcance restrito.

Lava Jato"[73]. O ministro destacou que as condições de trabalho da equipe responsável pela Lava Jato são bem diferentes da realidade da maioria dos tribunais brasileiros. "Curitiba não é o padrão. E nem é o padrão da Justiça federal. O Moro [juiz federal Sérgio Moro] está trabalhando sob condições especialíssimas, só faz isso", completou o membro do STF.

O elogio, segundo Mendes, "vai para a Justiça federal do Paraná que deu a ele (Moro) condições para que ficasse só fazendo isso. Não é o caso de todos os juízes que têm competências mais diversas".

A 13ª vara federal de Curitiba, na qual o juiz Sérgio Moro está lotado, é uma das 27 varas desse tipo existentes no país. Hoje, a maioria delas se dedica apenas a casos de crimes contra o sistema financeiro.

---

73. Disponível em: <http://m.folha.uol.com.br/poder/2017/04/1877150-judiciario-brasileiro-nao-e-a-vara-de-curitiba-diz-gilmar-mendes.shtml>. Acesso em: 20 abr. 2017.

5. Características principais de cortes especializadas

Já se afirmou alhures[74] que a perícia judicial é um atributo que nunca é adquirido automaticamente. Ela é desenvolvida de forma incremental, pois os juízes, independentemente de sua experiência prévia, devem também aprender a se tornar especialistas durante a sua atuação, por meio do acesso e contato repetidos e da adaptação a estímulos de casos relacionados.

Uma das virtudes da especialização judicial é que ela conduz a uma maior eficiência na disseminação da justiça, beneficiando os litigantes individuais, bem como o sistema jurídico de forma integral.

Juízes que concentram as suas decisões e, portanto, especializam-se em determinadas áreas correlacionadas das políticas públicas, são repertórios de conhecimento sobre essas áreas. Eles têm uma profunda compreensão dos antecedentes críticos e aspectos das controvérsias que surgem nessas áreas.

Eles são capazes de monitorar as práticas, decisões e regulamentos das agências reguladoras e de órgãos administrativos mais de perto. Eles têm uma familiaridade aguçada com o histórico e o propósito da legislação que examinam, pois se mantêm atualizados sobre alterações legislativas e regulamentares, e, assim, são capazes de antecipar os litígios que essas alterações podem gerar no futuro.

Finalmente, por conta de sua perícia, os juízes especializados têm uma boa compreensão de como resolver tais controvérsias da

---

74. UNAH, Isaac. Op. cit., p. 94.

maneira mais eficiente, significativa e equitativa possível. Isso, contudo, não pode ser dito dos juízes generalistas. Os problemas associados à falta de conhecimentos especializados, como a compreensão superficial das questões substantivas, a delegação excessiva de atribuições a assistentes e os atrasos na preparação de argumentos e na elaboração de votos, são exacerbados pelo aumento da carga de trabalho judicial.

Com o acesso continuado a casos que se referem às mesmas áreas, o juiz especialista pode se manter atualizado sobre mudanças nos estatutos e nas práticas burocráticas e pode julgar casos de forma cuidadosa e expedita, com economias substanciais de tempo e dinheiro para os litigantes e para o Estado. A especialização judicial pode, inclusive, reforçar as percepções positivas que os litigantes têm da Justiça e melhorar a sua identificação e relação com ela, independentemente do resultado das controvérsias.

Um sistema judicial oprimido tem graves implicações democráticas, não só pelo princípio fundamental dos freios e contrapesos, mas também pela confiança do público nas autoridades. De acordo com Litan[75], o entupimento dos processos judiciais causa longas filas e consideráveis atrasos e despesas no processamento de causas cíveis, o que "leva o público a desenvolver grande cinismo sobre o sistema judicial".

Para Posner, um número maior de casos pode induzir um juiz a "tentar limitar o crescimento da fila, gastando menos tempo em cada caso, ou delegando mais da função judicial a assistentes"[76].

Assim, a sobrecarga de processos pode prejudicar não apenas a avaliação pública da capacidade e eficiência do Poder Judiciário, mas o que é ainda mais crítico, o objetivo de promover o bem-estar de toda a sociedade.

75. LITAN, Robert E. Speeding up Civil Justice. *Judicature* 73:162-67, 1998.

76. POSNER, Richard A. Will the Federal Courts of Appeals survive until 1984? An essay on delegation and specialization of the judicial function. 1983, *Southern California Law Review* 56:761-91, p. 767.

Uma consequência clara da especialização judicial é a diminuição de erros e decisões equivocadas. No longo prazo, isso pode se traduzir em uma redução dramática no número de decisões devolvidas para os tribunais, inclusive para os tribunais superiores, com economias potencialmente grandes para os contribuintes e para o Erário.

Partindo do pressuposto de que a especialização judicial é definida pelo assunto, a escolha das matérias, áreas e ramos do direito é crítica para o sucesso da iniciativa da especialização. Dreyfuss[77] sustenta que quatro fatores são nevrálgicos a esse respeito:

a) a complexidade legislativa e factual;

b) o limite em que os casos específicos podem ser separados de casos envolvendo outros campos do direito;

c) o grau de consenso sobre os objetivos da lei em áreas especializadas; e

d) a forma como os casos são distribuídos entre os órgãos julgadores.

a) Complexidade: é a principal e mais citada justificativa para se recorrer à estratégia da especialização, ou seja, a necessidade de julgadores com conhecimentos técnicos para dominar assuntos complexos. Quanto mais intrincada a legislação, mais provável a ocorrência de equívocos por parte de um julgador generalista, a confusão de temas e questões jurídicas, a ponto mesmo de incentivar litígios adicionais. Quanto mais complicados os fatos de um caso, mais o juiz deve dominar conceitos e jurisprudência aplicáveis, antes mesmo que o caso possa ser adjudicado.

Assim, a transferência de casos complexos para juizados dotados de especialistas deve produzir três dos principais benefícios atribuídos à especialização, nomeadamente: (i) a melhoria na tomada de decisões; (ii) a redução do número de casos; e (iii) a diminuição do número de horas-juiz necessárias para as decisões.

---

77. DREYFUSS, Rochelle C. Op. cit., p. 408-420.

b) Segregabilidade: um fator substantivo que demonstra o grau de separação das matérias e ramos visados pelo tratamento especial. Ou seja, até que ponto essas matérias se apresentam ao sistema judicial em casos que suscitam outras questões. A configuração dos casos que surgem no campo especializado deve ser cuidadosamente considerada. Se as áreas de especialidade forem segregáveis, a especialização funcionará de forma eficaz.

Os domínios em que a competência dos juizados especializados se sobrepõe à das cortes e tribunais generalistas criam vias de intercâmbio entre essas instâncias judiciais, preservando, simultaneamente, a exclusividade nos domínios em que é necessária.

Questões que surgem juntas numa adjudicação judicial muitas vezes levam a considerações de políticas públicas relacionadas. Uma corte que delibera sobre um caso em sua integralidade tem a oportunidade de ver um universo mais amplo no qual a sua(s) especialidade(s) opera(m) e realizar uma apreciação abrangente de interesses conflitantes, bem como outras formas de promover os objetivos da lei.

c) Consenso: o consenso público sobre os objetivos das leis administradas pela(s) corte(s) especializada(s) é um dos mais contundentes determinantes para o sucesso da especialização judicial.

O fator distintivo entre essas cortes é exatamente a medida em que houve consenso público sobre a sua missão. Não é surpreendente que o consenso sobre os objetivos da legislação administrada pela corte especializada influencie o seu sucesso.

d) Distribuição: outro indicador do sucesso da especialização judicial é a forma pela qual a(s) corte(s) especializadas altera(m) a distribuição de casos dentro do sistema. Se os casos forem distribuídos entre juízes generalistas, de modo que cada um deles julgue apenas um pequeno número a cada ano, as vantagens de canalizar todos os casos para um único ou poucos juizados serão substanciais.

A falta de familiaridade de juízes generalistas com processos específicos é suscetível de tornar o julgamento demorado e propenso ao erro. Concentrar casos em um único ou em poucos juizados deve produzir magistrados com a motivação, a experiência e a oportunidade para criar um conjunto de leis mais bem trabalhado e estável.

No contexto brasileiro, por exemplo, considerando que os juízes devem atingir metas de produtividade, eles teriam poucos incentivos para concentrar os seus esforços nos processos envolvendo as agências e os órgãos administrativos. Na verdade, a complexidade dos casos seria mais um incentivo para os juízes priorizarem os casos mais simples e atingirem as suas metas numérico-estatísticas. Considerando, portanto, que não há varas especializadas no sistema de justiça federal brasileiro para causas econômico-empresariais, essas ações demandam "um montante desproporcional de energia dos juízes quando comparados à energia investida em causas mais canônicas ou replicáveis"[78].

Legomsky[79] considera que, "em vez de reinventar a roda cada vez que um juizado especializado é proposto, seria benéfico ter disponível, como referência inicial, um conjunto geral de características das demandas que favoreçam ou desfavoreçam a adjudicação especializada". Uma vez que tal conjunto de características for conhecido, a análise de propostas específicas pode então se concentrar na determinação da extensão em que as características gerais estão presentes no assunto específico.

A dispersão geográfica, por exemplo, pode ser considerada crucial em um dado grupo de casos, e a carga total de casos pode ser muito pequena para manter os especialistas ocupados em mais de um local simultaneamente.

Na visão dos entusiastas[80] da "Jurisprudência Terapêutica"[81] (*Therapeutic Jurisprudence*), por exemplo, uma "orientação para a

78. PRADO, Mariana M. (org.). O Judiciário e o Estado Regulador brasileiro. *FGV Direito SP*, São Paulo, p. 30-31, 2016. Disponível em: <http://direitosp.fgv.br/sites/direitosp.fgv.br/files/o-judiciario-e-o-estado-regulador.pdf>. Acesso em: 8 maio 2017.
79. Op. cit., p. 4-5.
80. Ver, por exemplo, *Court Review*, Volume 37, Issue 1, Spring 2000. *The Journal of the American Judges Association*. 37 Ct. Rev. 1 - 2000-2001. Apud: HeinOnline.
81. Jurisprudência terapêutica seria "o uso das ciências sociais para estudar até que ponto uma norma ou uma prática legal promove o bem-estar psicológico e físico das pessoas que afeta". Ou "o estudo do papel do direito como um

resolução de problemas é característica fundamental das cortes especializadas contemporâneas"[82]. O foco na resolução de problemas exigiria uma mudança no que é valorizado no processo de adjudicação judicial: resultados (em vez de produtos)[83], flexibilidade na tomada de decisões, relevância das preocupações das pessoas, participação das organizações comunitárias e consideração do que é melhor para as comunidades, réus ou vítimas.

A resolução de problemas também coloca maior ênfase nos eventos pós-decisão, uma mudança significativa dos modelos tradicionais de processamento de casos. A gestão tradicional do fluxo de casos, por exemplo, baseia-se em casos e não em pessoas, ao passo que "uma gestão eficaz de assuntos pós-julgamento pode exigir muito mais atenção às pessoas envolvidas do que às situações"[84].

A especialização seria a resposta natural a uma dependência excessiva de tribunais generalistas. Um processo orgânico pelo qual os sistemas judiciais se adaptariam às mudanças das condições sociais[85]. A criação de fóruns judiciais especializados também pode ser vista como um mecanismo de reforma que permite a experimentação e, com isso, o acompanhamento pelo Judiciário dos tempos de mudança.

---

agente de regeneração e correção, oferecendo novas ideias sobre o papel do direito e seus operadores na sociedade".

82. ROTTMAN, David B. Does Effective Therapeutic Jurisprudence Require Specialized Courts (and Do Specialized Courts Imply Specialist Judges)? *Court Review. The Journal of the American Judges Association*, Volume 37, Issue 1, Spring 2000, p. 23-24.
83. Os produtos (*outputs*) são aquilo que foi produzido ou as atividades de uma organização. As medidas de saída de produtos (*output measures*) não abordam o valor ou o impacto desses produtos ou serviços para os seus clientes. Por outro lado, um resultado (*outcome*) é o nível de desempenho ou realização que ocorreu por causa das atividades realizadas, dos produtos elaborados ou dos serviços prestados por uma organização.
84. STEELMAN, David C. Caseflow Management: The Heart of Court Management in the Millennium. *Court Review. The Journal of the American Judges Association*, Volume 33, 2000.
85. WHEELER, Russell. Courts of Limited and Special jurisdiction. *Encyclopedia of the American Judicial System*, 517, 524 (R. J. Janosik ed., 1987).

6. Deferência judicial à interpretação administrativa

Consoante o peculiar sistema judicial dos Estados Unidos, a partir da decisão da Suprema Corte no caso *Chevron*[86], em que aquela empresa litigava com o Conselho de Defesa dos Recursos Naturais (*Natural Resources Defense Council*), organização não governamental, a respeito da interpretação de regulamentos criados pela Agência de Proteção Ambiental dos Estados Unidos (*Environmental Protection Agency*) sobre emissões de carbono.

A partir dessa decisão da Suprema Corte dos Estados Unidos, e até hoje, prevalece o entendimento jurisprudencial da "presunção de deferência à interpretação dos agentes reguladores" (*presumption of deference to agency interpretation*) em relação a determinada norma jurídica.

Contudo, a chamada "deferência Chevron" (*Chevron deference*) tem sido alvo de parlamentares, republicanos e até mesmo alguns democratas, no Congresso estadunidense que ao longo dos últimos anos tem apresentado propostas legislativas para rever tal "deferência interpretativa". Agora, com a eleição de Donald John Trump, aqueles que gostariam de ver os juízes divergirem mais das agências reguladoras veem uma nova oportunidade[87].

---

86. Chevron U.S.A. Inc. v. Natural Resources Defense Council. 467 U.S. 837 (1984).

87. O projeto de Lei de Restauração de Separação de Poderes de 2016 (*The 2016 Separation of Powers Restoration Act* – SOPRA), apresentado por lideranças do Partido Republicano e em tramitação no Congresso, eliminaria a chamada "deferência Chevron", além de outras formas de deferência a agências re-

Unah[88] argumenta que cortes especializadas emprestam consideravelmente menos deferência às agências reguladoras do que cortes generalistas, e sugere que a especialização permite a essas cortes desenvolver um papel destacadamente eficaz e substantivo na implementação de políticas públicas.

Os juízes de cortes especializadas usam os seus conhecimentos em áreas complexas para examinar criticamente as práticas de agências reguladoras e órgãos administrativos. Consequentemente, as burocracias que aparecem perante uma corte especializada geralmente se saem pior do que perante cortes generalistas.

Tecnocratas de agências reguladoras e órgãos administrativos eminentemente técnicos são tipicamente diferentes de outros servidores do Executivo por sua experiência e capacidade de resolver problemas complexos envolvendo políticas públicas.

Magistrados de cortes especializadas também possuem um alto nível de especialização, que, em muitos casos, é comparável ou mesmo superior ao dos burocratas, ao contrário dos juízes de cortes generalistas. Por conta de sua perícia substantiva e familiaridade com as práticas burocráticas, os juízes especializados exibem maior confiança genuína do que seus colegas generalistas quando avaliam normas e práticas burocráticas e usam seus conhecimentos para reverter, com autoridade, um número significativamente maior de decisões administrativas.

Isaac Unah realizou testes[89] para analisar e comparar a deferência judicial entre: (i) as cortes distritais federais e a Corte de Comércio Internacional e (ii) entre a Suprema Corte e a Corte de Comércio Internacional.

---

guladoras e órgãos administrativos e exigiria que os tribunais revisassem as disposições legais de novo, ou seja, não emprestar qualquer consideração ou valor à interpretação do Poder Executivo.

88. UNAH, Isaac. *The Courts of International Trade*: Judicial Specialization, Expertise and Bureaucratic Policy Making. Ann Arbor: University of Michigan Press, 1998, p. 92.

89. Idem, p. 133-134.

Os números revelaram que a Suprema Corte emprestou deferência à interpretação das agências reguladoras ou órgãos administrativos em 72% dos casos e contrariou o entendimento administrativo em 28%. Já a Corte de Comércio Internacional acatou a posição administrativa em 59% dos casos e lhe foi contrária em 41%.

De outra parte, as cortes distritais federais mantiveram a interpretação do Executivo em 73% dos casos e dela divergiram em 27% deles.

Cabe aos juízes garantir que o poder e a discrição dos burocratas sejam exercidos de acordo com as diretrizes estabelecidas na Constituição e nas leis. Devido à complexidade de certas políticas públicas e à discricionariedade administrativa, a utilidade de juízes, que são eles próprios especialistas em políticas públicas complexas, é cada vez mais reconhecida como um meio para "domar" o comportamento burocrático[90].

No Brasil, estudo encomendado pelo Conselho Nacional de Justiça (CNJ)[91] avaliou a eficiência e a certeza jurídica fornecidas pela revisão judicial da atividade de agências reguladoras e o CADE[92], e descobriu que o Judiciário brasileiro confirma a maioria dos atos questionados. Segundo o estudo, mais de 80% das decisões substantivas[93] dos tribunais superiores foram favoráveis às agências. O Judiciário brasileiro, portanto, parece demonstrar grande defe-

90. LANDES, William M.; POSNER Richard A. The Independendent Judiciary in an Interest-Group Perspective. *Journal of Law and Economics*, 1975, 18:875-901.

91. AZEVEDO, Paulo Furquim de; FERRAZ JUNIOR, Tercio Sampaio; MARANHÃO, Juliano Souza de Albuquerque. *As inter-relações entre o processo administrativo e o judicial, sob a perspectiva da segurança jurídica do plano da concorrência econômica e da eficácia da regulação pública*. São Paulo: USP, 2011. Relatório da pesquisa. Disponível em: <http://www.cnj.jus.br/images/pesquisas-judiciarias/Publicacoes/relat_pesquisa_usp_edital1_2009.pdf>. Acesso em: 15 maio 2017.

92. O CADE, a autoridade de defesa da concorrência no Brasil, não é agência reguladora pois não regula setores da economia, mas disciplina, por meio de suas decisões, o comportamento de todo o mercado.

93. Excluídas questões processuais.

rência e hesitação em supervisionar o aspecto material das decisões das agências reguladoras e da autoridade antitruste.

No contexto brasileiro, o Judiciário modifica o seu próprio entendimento em relação a uma decisão administrativa durante as diferentes fases de um mesmo processo. Essas modificações "diminuem a previsibilidade das normas regulatórias, o que implica um aumento da incerteza jurídica"[94].

Esse índice de incerteza é maior no Brasil porque as varas de primeira instância são menos deferentes às agências reguladoras do que as instâncias superiores. "A consequência é deletéria para a aplicação adequada da norma, já que sinais conflitantes são transmitidos às partes durante o curso da ação judicial"[95].

A conclusão é a de que a forte deferência para com as agências reguladoras, especialmente entre os tribunais regionais federais e os tribunais superiores (STJ), mostra o quanto esse "estado de incerteza" é prejudicial a todos, empresas interessadas, concorrentes, fornecedores, clientes e autoridades administrativas, já que não parece haver supervisão judicial efetiva. Nesse contexto, "levar questões regulatórias à justiça se torna atrativo para aqueles litigantes que podem não acreditar realmente que há um problema de mérito (ou processual) com a decisão, mas irão se beneficiar do adiamento da intervenção da agência"[96].

---

94. MARANHÃO, Juliano de S. A., AZEVEDO, Paulo F. de; FERRAZ JR., Tercio S. *Direito regulatório e concorrencial no Poder Judiciário*. São Paulo: Singular, 2014.
95. Idem, ibidem.
96. Idem, ibidem.

7. Seleção de magistrados especializados

Seria irrazoável e contraproducente, depois de exaustivo debate e esforço em viabilizar e instituir juizados especializados, neles alocar magistrados que não estivessem à altura de ali atuar. Ou seja, tão importante quanto viabilizar uma prestação jurisdicional especializada é a designação de profissionais com sólidos, consistentes e autorizados conhecimentos e experiência.

O senso comum nos leva a considerar que os profissionais indicados para atuar em juizados especializados devem apresentar experiência significativa em uma ou mais áreas nas quais irão atuar, seja como julgadores, promotores, advogados, professores ou outras atividades jurídicas relevantes.

Nesse contexto, um maior escrutínio de qualificações é exigido ao fazer nomeações para esses juizados, a fim de evitar que se tornem "local de descarte" de juízes não adequadamente qualificados.

Numa tentativa não definitiva de estipular critérios para a designação de juízes para atuar em varas especializadas em temas econômico-empresariais, poderão ser consideradas as seguintes condições:

a) formação acadêmica em nível de pós-graduação (doutorado, mestrado ou especialização) nas áreas afetas à atuação jurisdicional específica[97];

---

97. No Tribunal da Concorrência do Canadá, por exemplo, exige-se dos membros pós-graduação no nível de doutorado ou mestrado em negócios/admi-

b) experiência profissional relevante em áreas relacionadas, seja durante o exercício prévio da magistratura ou em atuação profissional anterior;
c) atuação docente, como professor universitário, pesquisador ou instrutor em áreas relevantes e relacionadas com os campos jurídicos determinados; ou
d) publicação de obras ou trabalhos, científicos ou acadêmicos, em temas correlatos à atuação jurisdicional especializada.

Essa não pretende ser uma lista de características determinantes, embora exemplificativas, do que se espera de magistrados especializados com o intuito de que as engrenagens de um aparato jurisdicional diferenciado possam fluir e se desenvolver nas mãos de operadores capacitados e legitimados.

Afinal, a responsabilidade absoluta sobre todo um conjunto de leis e ramos do direito deve, pelo menos teoricamente, ser estimulante, pois proporciona uma "oportunidade única de supervisionar o desenvolvimento de um corpo coerente de doutrina, cujos elementos são cuidadosamente escolhidos para se ajustar efetivamente"[98].

---

nistração, comércio, finanças, contabilidade ou economia.

98. DREYFUSS, Rochelle C. Op. cit., p. 378-379.

8. Disfuncionalidades da revisão judicial de atos administrativos no Brasil

Não parece haver consenso entre os magistrados brasileiros atualmente sobre o seu papel na revisão judicial de decisões administrativas. A controvérsia está exatamente nos limites da revisão judicial sobre o poder discricionário da Administração Pública. Alguns entendem que o Judiciário somente poderia anular decisões administrativas ou obrigar a Administração a deliberar sobre determinada matéria, no caso de omissão. A palavra final substantiva, todavia, permaneceria dentro da esfera administrativa.

Outros juízes acreditam que o Judiciário poderia impor obrigações materiais ou proibições aos entes e órgãos administrativos. Esse dissenso, traduzido em sentenças e acórdãos díspares, tem contribuído para a morosidade e a incerteza jurídicas.

A jurisprudência do Supremo Tribunal Federal[99] admite o controle, pelo Poder Judiciário, de ato administrativo quando eivado de ilegalidade, abusividade ou inconstitucionalidade. Fora desses parâmetros, a discricionariedade do ato administrativo deve prevalecer.

Mais recentemente, o STF, ao analisar recurso extraordinário[100], reconheceu ainda a repercussão geral quanto à possibilidade de o Poder Judiciário realizar o controle jurisdicional sobre o mérito das questões formuladas em concurso público, já que o tema possui relevância social e jurídica, ultrapassando os interesses subjetivos das partes.

---

99. Em 2016, o STF realizou 80 sessões plenárias de julgamento, com a análise e decisão de 13.138 ações.

100. RE 632853 RG/CE – Ceará. Julgamento: 06/10/2011.

O Tribunal, então, reconheceu a existência de repercussão geral da questão constitucional suscitada, mas, no mérito, deixou de reafirmar a jurisprudência dominante sobre a matéria, que será submetida a posterior julgamento.

Portanto, resta ainda pendente de definição pelo STF o grau de revisão e intervenção judiciais possíveis sobre os atos administrativos. Quando de tal definição e, considerado o reconhecimento de repercussão geral da matéria, ela será aplicável a todos os casos semelhantes, cuja discussão não passará mais da segunda instância (tribunais estaduais ou regionais federais).

De acordo com Maranhão[101], outro problema gerado pela falta de juizados especializados, combinada com a falta de critérios claros para a definição de competência jurisdicional, é a ocorrência de uma série de incidentes processuais que adiam sobremaneira os julgamentos, sem quaisquer vantagens processuais. As "disputas de competência ocorrem devido à deficiência no sistema interno de distribuição dos casos, determinada pelos regimentos internos dos tribunais". Esse problema da falta de uniformidade e homogeneidade regimental entre tribunais de segunda instância no Brasil é recorrente. Um guia de melhores práticas e orientações, inclusive sobre o uso da tecnologia da informação e formas de alcançar diagnósticos e metas, talvez fosse uma alternativa pouco custosa para solucionar situações repetitivas.

Além disso, para evitar lidar com o mérito de casos complexos, que envolvem questões de natureza eminentemente técnica, os juízes tendem a focar a sua análise em questões processuais, com as quais estariam mais familiarizados.

A revisão judicial de atos administrativos no Brasil alcançou patamares diferenciados com a criação das agências reguladoras na década de 1990. Um dos desafios trazidos por essa transição "está

101. Maranhão, Juliano Souza de A. A revisão judicial de decisões das agências reguladoras: jurisdição exclusiva? Apud PRADO, Mariana M. (org.). Op. cit., p. 30.

enraizado na velha dicotomia entre os direitos público e privado". De fato, os juízes demonstrariam "alguma dificuldade em lidar com questões de política pública e o papel das agências nas composições dos interesses públicos, privados e coletivos"[102]. Isso estaria confirmado na frequente utilização de conceitos e padrões do direito privado na análise de questões e ações envolvendo agências reguladoras, por exemplo. O Judiciário ainda enxergaria a atuação daqueles entes administrativos como mero "estado de intervenção nas liberdades de agentes privados, conforme conceitualizado na economia clássica".

Nesse mesmo diapasão, os juízes enfrentariam dificuldades em entender o real papel do Estado, incluindo o Estado-juiz, num contexto de economia crescentemente regulada, trazido pela Constituição Federal de 1988. O relacionamento entre agências e administrados ainda seria muito formalístico, baseado e limitado às tradições do direito administrativo. Os juízes, portanto, ainda estariam "mais preocupados em controlar os procedimentos de um ato administrativo, do que se engajar na definição das políticas públicas setoriais e ponderar se um ato administrativo, em particular, é adequado para os objetivos das políticas emanadas da própria agência reguladora"[103].

102. Idem, p. 38.
103. Ibidem, p. 39.

9. Experiência e melhores práticas internacionais selecionadas

9.1. Cortes judiciais

9.1.1. *A Corte de Chancelaria do estado de Delaware, EUA*

A partir da concentração da competência em direito empresarial, incluindo fusões e aquisições, societário e propriedade, o estado de Delaware tornou-se domicílio jurídico-fiscal de grupos econômicos e conglomerados empresariais nacionais e multinacionais, bem como um polo mundial de atração de investimentos.

Além de aspectos de simplificação tributário-fiscal para as empresas, aquele pequeno e histórico estado da costa leste norte-americana anteviu a importância de gerar segurança jurídica aos investimentos, garantindo não somente um tratamento tributário-fiscal mais benéfico e facilitado, mas também um sistema jurídico amigável, sólido, confiável, previsível e rápido.

Esse ambiente salutar possibilitou o desenvolvimento de uma moderna legislação societária, criando um *benchmark*[104] internacional num ambiente jurídico propício e atrativo de negócios.

Mais de metade das empresas listadas na Bolsa de Valores de Nova York e NASDAQ[105] tem o seu domicílio jurídico-fiscal em De-

---

104. Referência.

105. NASDAQ – Associação Nacional de Corretores de Títulos de Cotações Automáticas (*National Association of Securities Dealers Automated Quotations*) é um mercado de ações automatizado dos Estados Unidos onde estão listadas mais de 2.800 ações de diferentes empresas, em sua maioria de pequena e

laware, como também o fazem 65% das empresas listadas na Fortune 500[106].

Um ambiente de negócios amigável, com legislação simplificada e clara e sistema judicial eficiente é a receita para a segurança jurídica, a previsibilidade e a confiança que os investidores buscam, o que se traduz, naturalmente, na atração e manutenção de investimentos e, consequentemente, no desenvolvimento econômico e bem-estar social.

O exíguo estado costeiro de Delaware é amplamente reconhecido como um dos melhores locais para se constituir uma empresa, não só nos Estados Unidos, mas em todo o mundo. Uma das principais razões para isso é a Corte de Chancelaria de Delaware.

A Corte de Chancelaria de Delaware[107] (*The Delaware Court of Chancery*) é uma das principais qualidades da chamada "vantagem de Delaware"[108] e certamente uma parte significativa do motivo pelo

---

média capitalização. É o segundo maior mercado aberto de ações do mundo, depois da Bolsa de Nova York.

106. Global Fortune 500 é uma classificação das 500 maiores corporações em todo o mundo, conforme medido por sua receita. A lista é compilada e publicada anualmente pela revista *Fortune* (Disponível em: <http://beta.fortune.com/fortune500/>).

107. *Litígios na Corte de Chancelaria de Delaware e na Suprema Corte de Delaware*. Estado de Delaware. Disponível em: <http://corplaw.delaware.gov/por/litigation.shtml>. Acesso em: 25 abr. 2016.

108. Delaware tem leis corporativas que permitem flexibilidade na condução dos negócios. Por exemplo, permitem a constituição de um conselho de administração de único membro. Também permitem que fusões e aquisições complexas sejam realizadas com facilidade, o que pode ser útil em transações nas quais a velocidade é necessária em relação ao financiamento e ao cumprimento dos contratos. Esse estado também aceita limitações bastante abrangentes de responsabilidade corporativa para administradores, diretores e quotistas de sociedades. O Tribunal de Chancelaria, por seu turno, é especializado na resolução de disputas corporativas. O tribunal é composto por um chanceler e quatro vice-chanceleres que atuam como mediadores. O sistema é popular entre as organizações empresariais e é uma das principais razões por que grandes corporações incorporam em Delaware. A jurisprudência da corte e tão sólida e vasta que as empresas podem realmente entender e antever os resultados de suas decisões de negócios, mesmo que divergências

qual tantas companhias escolhem incorporar em Delaware. A corte é amplamente reconhecida como o fórum preeminente para resolver disputas envolvendo corporações, sociedades limitadas e outras entidades de negócios.

A corte não utiliza o sistema de tribunal do júri (muito comum, mesmo para causas cíveis, noutros estados dos Estados Unidos) e tem competência e jurisdição original e exclusiva em uma ampla variedade de matérias como: *trusts*[109], propriedade/imóveis, tutelas, direitos civis e contencioso comercial[110]. A corte também determina se a execução específica de um contrato é justificada e emite medidas acautelatórias em matérias não societárias.

---

nos negócios acabem na Corte de Delaware. A jurisprudência é tão estável que dois experientes advogados de Delaware, representando lados opostos de uma disputa, provavelmente conhecem com muita certeza e antecedência como a disputa vai acabar.

109. O *trust* é um tipo de estrutura que permite separar o direito aos recursos aplicados da propriedade legal do investimento e de sua administração. O investidor não tem controle direto da gestão, mas é beneficiário dos ativos, numa relação que é chamada de fiduciária.

110. REED, Jeremy. *What is the Delaware Court of Chancery?* Disponível em: <https://www.delawareinc.com/blog/what-is-the-delaware-court-of-chancery/>. Acesso em: 09 maio 2017.

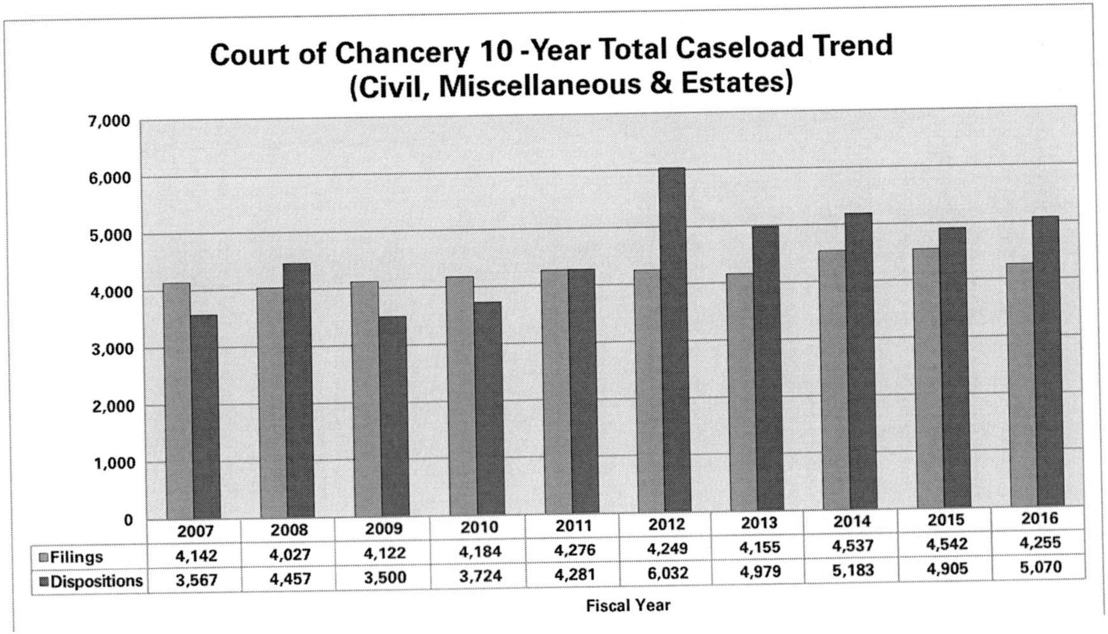

Corte de Chancelaria de Delaware, EUA – Tendência total de casos nos últimos 10 anos (cível, miscelâneo e propriedade/imóveis).
Petições e Decisões por ano fiscal
Fonte: Corte de Chancelaria de Delaware, 2016

A corte foi estabelecida primeiramente em 1792 e é baseada no modelo inglês de uma "*court of chancery*". Na antiga lei inglesa, o rei era a última fonte legislativa, mas o chanceler (*chancelor*) ouvia e decidia casos em que não existiam leis ou remédios legais aplicáveis.

Uma peculiaridade de uma corte de chancelaria é a perícia equitativa que é implementada pelos juízes, em vez de um júri. Os membros da corte têm independência para instruir casos e tomar decisões, ao contrário de órgãos judiciais colegiados regulares, em que todos os julgadores irão tomar conhecimento de cada caso e uma decisão será votada entre eles.

Esse é um aspecto significativo, pois os juízes-chanceleres são qualificados e experientes em ramos específicos do direito, o que resulta em economia de tempo, custos e taxas.

Os juízes-chanceleres contam com mais de duzentos anos de jurisprudência consolidada, o que torna as suas decisões mais previsíveis e as empresas mais confiantes de uma decisão baseada na lei e em precedentes, em vez de "emoções e preconceitos[111]".

Corporações de todos os tamanhos são constituídas em Delaware porque os empresários sabem que o Tribunal de Chancelaria faz uso da "regra do julgamento de negócios".

A regra do julgamento de negócios de Delaware (*business judgment rule*)[112] direciona a corte a respeitar as decisões de boa-fé de

---

111. Idem.

112. A regra de julgamento de negócios é uma doutrina derivada da jurisprudência em direito corporativo em que os tribunais aderem ao julgamento de negócios de executivos corporativos. A regra é a presunção de que, ao tomar uma decisão de negócios, os executivos de uma empresa atuaram com base informada, de boa-fé e na crença honesta de que a ação tomada era no melhor interesse da empresa. Ela está enraizada no princípio de que os "dirigentes de uma corporação detêm presunção, conferida por lei, de serem motivados em seu comportamento por um respeito genuíno pelos interesses da corporação e cujos assuntos os acionistas entregaram a seu cargo". Tal regra existe de alguma forma na maioria dos países da *Common Law*, incluindo os Estados Unidos, o Canadá, a Inglaterra e o País de Gales e a Austrália. Para desafiar as ações de um conselho de administração de uma corporação, um

administradores, diretores e sócios, mesmo quando o resultado de sua decisão pode não ter sido, em retrospectiva, o melhor para a companhia.

Todos os juízes-chanceleres são nomeados pelo Governador do estado de Delaware e confirmados pelo Senado estadual. Eles servem por mandatos de 12 anos. Além dos juízes-chanceleres, há na corte dois mestres de chancelaria[113] (*masters in Chancery*), que são escolhidos pelo chanceler. Todos os juízes-chanceleres e os mestres de chancelaria devem ser membros da *Delaware Bar Association*[114] e gozar de boa reputação.

Em entrevista[115] com Kenneth J. Lagowski, administrador do Registro da Corte de Chancelaria de Delaware[116], foram solicitados dados e estatísticas disponíveis que mostrassem, por exemplo, o tempo médio de adjudicação de casos apresentados ao tribunal, número total de casos analisados em um determinado ano ou qualquer comparação com tribunais generalistas, naquela ou noutras jurisdições.

A resposta foi no sentido de que aquela corte não mantém estatísticas sobre o tempo médio de julgamento de seus casos. Em vez disso, a mentalidade da corte a esse respeito é que "os casos se movem tão rapidamente quanto os advogados os avançam (ou os

demandante assume "o ônus de provar que os diretores, ao chegarem à sua decisão contestada, violaram qualquer uma das tríades de seu dever fiduciário: boa-fé, lealdade ou devida diligência". Na falta de fazê-lo, um autor "não tem direito a qualquer remédio, a menos que a transação constitua resíduos, ou seja, a decisão contestada foi tão unilateral que nenhum empresário ou dirigente, de julgamento ordinário e sólido, poderia concluir que os interesses da corporação receberam consideração adequada".

113. Mestre de chancelaria é um oficial designado por um tribunal de equidade para auxiliar o tribunal. Geralmente o mestre de chancelaria é um oficial ou servidor sênior de uma corte que auxilia os chanceleres em vários deveres como: instrução e análise de casos, oitiva de testemunhas e peritos, cálculos diversos, entre outras funções parajudiciais relevantes.

114. Ordem dos Advogados de Delaware, EUA.

115. Entrevista por mensagem eletrônica mantida em 10 de abril de 2017.

116. *Register in Chancery*.

atrasam)". Existem certos tipos de casos em que é obrigatória a apresentação de uma "Petição para Acelerar" (algo como pedido de preferência ou de urgência), e outros em que tal pedido é voluntário. Existem também diretrizes judiciais para períodos de tempo necessários para cada tipo e fase de uma ação judicial. Elas servem para orientação dos juízes ou para advertência, quando algum julgador não cumprir com o tempo atribuído para cada fase processual.

Ainda segundo Lagowski, "é realmente difícil comparar quaisquer outras cortes com a Corte de Chancelaria devido ao seu foco e singularidade". Realmente outras jurisdições, mesmo nos EUA, contam com "tribunais de negócios", mas eles estão geralmente sob o guarda-chuva de outra divisão judicial e, em geral, seus julgadores e assistentes não são reconhecidos especialistas em ramos do direito relacionados aos negócios, e nomeados por mérito. Como tribunal especializado em "equidade", a corte de Delaware está praticamente sozinha.

9.1.2. *Os juizados especializados em matéria de concorrência, telecomunicações e radiodifusão do México*

Desde 2013 e até 2015, o México emendou a sua Constituição com modificações significativas na estrutura institucional do país, inclusive em áreas como concorrência, telecomunicações e radiodifusão. Com a recente promulgação de uma nova Lei Federal de Concorrência, a Comissão Federal de Concorrência Econômica (COFECE) compartilha algumas competências em defesa da concorrência com o Instituto Federal de Telecomunicações (IFT).

No entanto, com a modificação da Constituição, surgiram também outras reformas importantes, como a criação de juizados especializados em concorrência, telecomunicações e radiodifusão.

O artigo 94 da Constituição mexicana dispõe que:

> O Conselho Judiciário Federal definirá o número, a divisão distrital, a competência territorial e a especialização da matéria – incluindo a radiodifusão, as telecomunicações e a concorrência – das cortes colegiadas e unitárias, bem como dos tribunais distritais.

Do mesmo modo, terá o poder de celebrar convênios para criar juizados de circuito, de acordo com o número e especialização das cortes colegiadas que pertencem a cada circuito. A lei regulará a integração e o funcionamento dos juizados de circuito.

Para a OCDE[117], a especialização dos tribunais do México agora permite uma revisão mais matizada de questões envolvendo concorrência e regulação econômica.

Importante destacar que as cortes especializadas em concorrência econômica, radiodifusão e telecomunicações têm sede na Cidade do México e jurisdição em todo o território nacional.

9.1.3. *A Corte de Comércio Internacional dos Estados Unidos*

Antes de examinarmos especificamente a Corte de Comércio Internacional, devemos fazer uma breve digressão no sistema judicial dos Estados Unidos.

O artigo III da Constituição desse país dispõe sobre o estabelecimento de uma Suprema Corte e permite ao Congresso criar outras cortes federais e impor limitações à sua jurisdição. Os juízes federais do artigo III são nomeados pelo Presidente com o consentimento do Senado para servir até que renunciem, sejam acusados e condenados, aposentem-se ou faleçam.

> Artigo III – Seção 2
>
> O Poder Judiciário se estenderá a todos os casos, de direito e de equidade, decorrentes da presente Constituição, das leis dos Estados Unidos e dos tratados celebrados ou a ser celebrados sob sua autoridade, a todos os casos que afetem embaixadores, ministros estrangeiros e cônsules; a todos os casos de almirantado e de jurisdição marítima; às controvérsias em que os Estados Unidos sejam parte; a controvérsias entre dois ou mais estados da Fede-

117. ORGANIZAÇÃO PARA A COOPERAÇÃO E DESENVOLVIMENTO ECONÔMICO (OCDE). A Resolução de Casos de Concorrência por Cortes Especializadas e Generalistas (*The Resolution of Competition Cases by Specialised and Generalist Courts*), 2016.

ração; entre um estado e cidadãos de outro estado; entre cidadãos de diferentes estados; entre cidadãos do mesmo estado que reivindiquem terras sob concessões de diferentes estados e entre um estado ou seus cidadãos e Estados, cidadãos ou sujeitos estrangeiros.

Em todos os casos que afetem embaixadores, outros ministros estrangeiros e cônsules, e aqueles em que um Estado estrangeiro seja parte, a Suprema Corte terá jurisdição original. Em todos os outros casos, terá jurisdição recursal, tanto de direito quanto de fato, com as exceções e sob os regulamentos que o Congresso aprovar.

Os tribunais federais são compostos de três níveis de jurisdição. A Suprema Corte dos Estados Unidos é o tribunal de última instância. É geralmente um tribunal de recursos que opera sob revisão discricionária, ou seja, os juízes da Suprema Corte podem escolher quais casos irão ouvir e julgar, por meio da concessão de mandados (*writs of certiorari*).

Não há direito de recurso geral para a Suprema Corte, ou seja, não será qualquer caso que poderá ser julgado por ela. Em algumas situações vistas acima, como ações judiciais entre governos estaduais ou alguns casos entre o governo federal e um estado, a Suprema Corte julga como tribunal de jurisdição originária.

Os tribunais de recurso dos Estados Unidos (*United States Courts of Appeals*) são os tribunais federais de recursos intermediários. Eles operam sob um sistema de revisão obrigatória, ou seja, devem julgar todos os recursos de decisões dos juizados federais inferiores.

As cortes federais distritais dos Estados Unidos (uma em cada um dos 94 distritos judiciais federais, bem como três cortes de territórios ultramarinhos) são os juizados federais de primeira instância.

Entretanto, para certas matérias específicas o Congresso atribuiu a jurisdição original para cortes especializadas, como a Corte de Comércio Internacional, e mais recentemente, o Tribunal de Revisão da Vigilância de Informações Estrangeiras (*Foreign Intelli-*

gence Surveillance Court of Review)[118] e o Tribunal de Remoção de Terroristas Estrangeiros (*Alien Terrorist Removal Court*)[119].

Além das cortes federais do artigo III, existem outros órgãos jurisdicionais descritos como cortes ou juizados administrativos, também conhecidos como cortes legislativas (do artigo I)[120] ou cortes ultramarinhas (do artigo IV)[121].

Existem vários tribunais do artigo I com jurisdição recursal sobre assuntos específicos, incluindo o Tribunal de Apelações para Reclamações de Veteranos e o Tribunal de Apelações para as Forças Armadas; bem como o Tribunal de Apelações do Distrito de Colúmbia, que concentra competência revisional sobre todas as cortes que julgam casos envolvendo o Governo federal em Washington.

Os tribunais do artigo I com jurisdição original sobre assuntos específicos incluem os Tribunais de Falências (em cada Jurisdição distrital), os Tribunais de Imigração, o Tribunal de Reclamações Federais (*Court of Federal Claims*)[122] e o Tribunal Fiscal.

---

118. Disponível em: <http://www.fisc.uscourts.gov/FISCR>. 50 U.S.C §§ 1801-1885c.
119. Disponível em: <https://www.fjc.gov/history/courts/alien-terrorist-removal--court-judges>. 8 U.S.C. §§ 1531-1537.
120. Artigo I, Seção 8ª, inciso 9º: "O Congresso constituirá Cortes inferiores a Suprema Corte" ("*The Congress shall have power to constitute tribunals inferior to the Supreme Court*").
121. Incluem o Tribunal Superior da Samoa Americana, o Tribunal das Ilhas Marianas do Norte, Tribunal de Guam e o Tribunal das Ilhas Virgens. Artigo IV, Seção 3ª, inciso 2º: "O Congresso disporá a respeito e elaborará todas as normas e regulamentos necessários do seu Território ou outra propriedade dos Estados Unidos ("*The Congress shall have Power to dispose of and make all needful Rules and Regulations respecting the Territory or other Property belonging to the United States*").
122. Atualmente há cerca de 1.690 Juízes Administrativos (*Administrative Law Judges* – ALJs) atuando junto ao Governo dos Estados Unidos, especificamente em 23 diferentes agências e órgãos federais. Eles são responsáveis por presidir processos *quasi*-judiciais perante tais agências e órgãos e garantir o devido processo legal aos cidadãos e empresas americanos que litigam com o Governo federal. As suas decisões são recorríveis aos Tribunais Federais Distritais (*Courts of Appeal of the Federal Circuit*).

No Quinto Circuito[123] da Justiça Federal dos Estados Unidos, por exemplo, foi estabelecido um grupo especializado de juízes (*panel*) em "petróleo e combustíveis" (*oil & gas*) que examina todos os recursos dessa matéria. Esse grupo foi criado em razão de que frequentemente os julgadores designados para decidir casos nessa área se declaravam suspeitos para evitar a "aparência de impropriedade", ou seja, para não dar a impressão de que eles não dominavam o assunto[124].

Nos termos do artigo I da Constituição dos Estados Unidos, o Congresso também pode estabelecer outras cortes ou tribunais, geralmente bastante especializados, dentro do próprio Poder Executivo, para auxiliar o Presidente na execução de suas prerrogativas.

Tais juízes do artigo I, ou juízes administrativos (*administrative law judges – ALJs*) não são vitalícios, como o são os juízes do artigo III (Poder Judiciário) e, salvo poucas exceções, não podem proferir decisões finais em casos envolvendo a vida, a liberdade e os direitos de propriedade privada: mas podem submeter questões preliminares a revisão de um juiz ou tribunal do artigo III.

Juízes administrativos dos Estados Unidos e suas agências e níveis (EHRI-SDM – junho de 2016)

AGÊNCIA	AL3	AL2	AL1	Número Total
Commodity Futures Trading Commission	0	0	0	0
Consumer Financial Protection Bureau	1	0	0	1
Department of Agriculture	1	1	0	2

123. Distritos leste, central e oeste da Louisiana; distritos norte e sul do Mississippi e distrito leste do Texas.

124. Ver UNAH, Isaac. *The Courts of International Trade*: Judicial Specialization, Expertise and Bureaucratic Policy Making. Ann Arbor: University of Michigan Press, 1998, p. 11.

Juízes administrativos dos Estados Unidos e suas agências e níveis (EHRI-SDM – junho de 2016)				
AGÊNCIA	AL3	AL2	AL1	Número Total
Department of Education	2	0	0	2
Department of Health and Human Services/Departmental Appeals Board	5	0	0	5
Department of Health and Human Services/Food and Drug Administration	2	0	0	2
Department of Health and Human Services/Office of Medicare Hearings and Appeals	73	6	1	80
Department of Homeland Security/ United States Coast Guard	5	1	0	6
Department of Housing and Urban Development	2	0	0	2
Department of the Interior	8	1	0	9
Department of Justice/Drug Enforcement Administration	2	0	0	2
Department of Justice/Executive Office for Immigration Review	0	0	0	0
Department of Labor	33	7	1	41
Department of Transportation/Office of the Secretary	2	1	0	3
Environmental Protection Agency	3	1	0	4
Federal Communications Commission	1	0	0	1
Federal Energy Regulatory Commission	12	1	0	13
Federal Labor Relations Authority	2	1	0	3

Juízes administrativos dos Estados Unidos e suas agências e níveis (EHRI-SDM – junho de 2016)

AGÊNCIA	AL3	AL2	AL1	Número Total
Federal Maritime Commission	2	0	0	2
Federal Mine Safety and Health Review Commission	14	0	1	15
Federal Trade Commission	1	0	0	1
International Trade Commission	6	0	0	6
Merit Systems Protection Board	0	0	0	0
National Labor Relations Board	30	3	1	34
National Transportation Safety Board	3	0	0	3
Occupational Safety and Health Review Commission	11	1	0	12
Office of Financial Institution Adjudication	2	0	0	2
Securities and Exchange Commission	4	1	0	5
Small Business Administration	0	0	0	0
Social Security Administration	1,501	12	0	1,513
United States Postal Service	1	0	0	1
TOTAL	**1,729**	**37**	**4**	**1,770**

Fonte: *Office of Personnel Management*. https://www.opm.gov/services-for-agencies/administrative-law-judges/#url=ALJs-by-Agency.

A Corte de Comércio Internacional (*Court of International Trade* – CIT)

A Corte de Comércio Internacional, criada pela Lei dos Tribunais Alfandegários de 1980 (*Customs Courts Act*), sediada única e exclusivamente na cidade de Nova York, desempenha importante função dentro do Poder Judiciário dos Estados Unidos. Como visto acima, os juízes dessa corte são considerados juízes do artigo III da Constituição e, portanto, integrantes permanentes do Poder Judiciário e com garantias como vitaliciedade e irredutibilidade salarial.

À medida que o efeito do comércio internacional sobre a economia cresceu, houve um aumento correspondente das disputas dentro da comunidade comercial internacional envolvendo países, corporações domésticas e estrangeiras, indivíduos, grupos de consumidores, associações e sindicatos, denotando uma crescente necessidade de assegurar decisões consistentes, coerentes, abalizadas, justas e imparciais.

Esse sistema abrangente de revisão judicial de ações civis, decorrentes de importações e outras transações federais que afetam o comércio internacional[125], está enraizado no mandato do Artigo I, Seção 8ª, da Constituição dos Estados Unidos, que dispõe que "todas as taxas, direitos, impostos e exações serão uniformes em todos os Estados Unidos"; garante procedimentos expeditos, evita conflitos de jurisdição entre os tribunais federais e fornece uniformidade na tomada de decisões judiciais para transações de comércio exterior.

Um ano antes, em 1979, o Congresso dos Estados Unidos promulgou a Lei dos Acordos de Comércio (*Trade Agreements Act*), para implementar os resultados da Rodada Tóquio do Acordo Geral de Comércio e Tarifas (GATT) (*General Agreement on Trade and Tariffs* - GATT).

Especialmente o Título X da Lei de 1979 foi resultado da decisão do Congresso e do Executivo de incorporar a revisão judicial como parte integrante dos novos procedimentos de investigação de defesa comercial[126].

Para o Congresso e a indústria doméstica norte-americanos, a conveniência da revisão judicial surgiu da "insatisfação com a

125. A última alteração significativa da legislação americana de Comércio Exterior foi a promulgação da Lei dos Tribunais Aduaneiros, de 1980 (*The Customs Courts Act of 1980*).

126. Os instrumentos de defesa comercial incluem os direitos antidumping, as medidas compensatórias e as salvaguardas.

confusa e imprecisa aplicação e cumprimento das leis derivadas dos acordos comerciais internacionais"[127].

Como parte de sua determinação em "limitar ou eliminar o poder discricionário do Executivo (...), a indústria doméstica insistiu em que qualquer decisão tomada pelo Poder Executivo ficaria sujeita a revisão judicial"[128].

A finalidade das regras substantivas e processuais aprovadas na Organização Mundial do Comércio (OMC) e incorporadas ao ordenamento jurídico estadunidense por meio do novo estatuto, bem como o aumento do detalhe dessas regras, era explicitamente, como questão política, reduzir a discricionariedade dos dirigentes públicos responsáveis pela administração e aplicação da legislação.

Neste contexto, para garantir que essas novas regras fossem, de fato, cumpridas pelos administradores públicos, o Congresso promulgou procedimentos que permitissem uma "ampla e efetiva revisão judicial das decisões administrativas"[129].

Apesar dessa intenção do Congresso de limitar o poder discricionário do Executivo, este último não se opôs à ideia de revisão judicial. Havia um sentimento de que a revisão judicial seria positiva e um reconhecimento de que tais reformas proporcionariam um "impulso nos esforços para 'vender' a nova lei, tanto no Congresso quanto no setor privado"[130].

---

127. REED, Patrick C. Op. cit., p. 156.

128. Proceedings of the Second Annual Judicial Conference of the United States Court of International Trade, 111 F.R.D. 503, 561 (1985) (remarks of Michael Stein, General Counsel of the International Trade Commission in 1979). *Apud* REED, Patrick C. Op. cit., p. 156.

129. Proceedings of the Sixth Annual Judicial Conference of the United States Court of International Trade, 131 F.R.D. 217, 228 (1989) (remarks of Robert Cassidy, International Trade Counsel for the Senate Finance Committee in 1979). *Apud* REED, Patrick C. Op. cit., p. 156.

130. GREENWALD, John D. Judicial Review of Antidumping and Countervailing Duty Decisions of the Department of Commerce and the United States International Trade Commission, Oct. 23, 1985 (paper presented at Second USCIT Judicial Conference). *Apud* REED, Patrick C. Op. cit., p. 157.

O Executivo teve alguma preocupação com a possibilidade de decisões judiciais limitarem a flexibilidade do governo em casos que poderiam ser potencialmente sensíveis para as relações externas dos EUA, mas "o risco foi sopesado e considerado aceitável"[131].

Numa fase que antecedeu a criação da Corte de Comércio Internacional, em 1908/09 foi estabelecido o Tribunal de Apelações Alfandegárias (*Court of Customs Appeals*). A criação desse tribunal pôs fim à competência dos tribunais federais de jurisdição geral sobre os direitos aduaneiros e "marcou o início de um judiciário federal especializado em matéria aduaneira"[132].

Ao estudar esse desenvolvimento duas décadas mais tarde, Frankfurter e Landis[133] descreveram a mudança como um "movimento para o estabelecimento de cortes cuja competência seria limitada a litígios decorrentes de um campo restrito do controle legislativo". A própria necessidade de economia e especialização que levaram ao desenvolvimento de agências reguladoras e administrativas, também levou a uma demanda pelas mesmas qualidades por parte dos juízes no desempenho da prestação jurisdicional.

Havia ainda demasiados conflitos entre as decisões dos diferentes circuitos[134], e o direito aduaneiro era ainda um campo muito técnico e especializado para juízes generalistas. Ainda segundo esses autores: "os tribunais (...) sofriam com um volume de ações cuja natureza estava fora da sua habitual experiência e domínio, e do qual não davam efetivamente conta, tornando-se, de fato, uma séria obstrução à resolução de seus casos tradicionais"[135].

131. Idem.
132. REED, Patrick C. *The role of Federal Courts in U.S. Customs & International Trade Law*, 1997, Oceana, p. 90-91.
133. FRANKFURTER, Felix; LANDIS, James M. *The business of the Supreme Court*: a study in the federal judicial system. New York: The Macmillan Company, 1972, p. 147.
134. Circunscrições judiciárias ou regiões.
135. FRANKFURTER, Felix; LANDIS, James M. Op. cit., p. 151.

O senador Dennis DeConcini, presidente do Subcomitê de Melhorias em Mecanismos Judiciais, do Comitê Judiciário do Senado dos Estados Unidos e um dos patrocinadores da Lei dos Tribunais Aduaneiros de 1980, acrescentava:

Essa legislação oferecerá à comunidade do comércio internacional, bem como aos interesses nacionais, grupos de consumidores, organizações trabalhistas e outros cidadãos interessados, um fórum amplamente aprimorado para a revisão judicial de ações administrativas de agências governamentais que lidam com o comércio exterior. Aqueles que sofrem algum prejuízo nessa área podem buscar reparação em uma corte federal, e se não forem bem-sucedidos, a Corte de Comércio Internacional será capaz de lhes proporcionar o alívio apropriado e necessário (...).

O Presidente dos Estados Unidos é quem nomeia, com o aconselhamento e o consentimento do Senado, os nove juízes que constituem a Corte de Comércio Internacional dos Estados Unidos (CIT).

O juiz-presidente dessa corte é membro estatutário nato da Conferência Judicial dos Estados Unidos[136] e convoca uma conferência judicial da Corte de Comércio Internacional periodicamente para fins de considerar e avaliar as suas atividades e melhorar a sua administração da justiça.

A jurisdição geográfica (*ratione loci*) da Corte de Comércio Internacional dos Estados Unidos se estende por todo o país. O tribunal decide quais casos irá ou não julgar, independentemente de qual parte da nação surgiram. O tribunal também está autorizado a realizar audiências em países estrangeiros.

Os diferentes tipos de casos que o tribunal está autorizado a decidir (jurisdição pela matéria - *ratione materiae*) são limitados e definidos pela Constituição e leis específicas promulgadas pelo Congresso.

---

136. A Conferência Judicial dos Estados Unidos é o principal órgão de formulação de políticas sobre a administração judiciária nesse país.

A jurisdição do tribunal foi ampliada pela Lei dos Tribunais Aduaneiros de 1980, que lhe concedeu autoridade jurisdicional residual exclusiva para decidir qualquer ação civil contra os Estados Unidos, seus funcionários ou suas agências, decorrentes de qualquer lei relativa ao comércio internacional.

Essa ampliação de jurisdição segundo a matéria foi complementada por uma outra disposição na Lei dos Tribunais Aduaneiros de 1980 que delega à Corte de Comércio Internacional dos Estados Unidos poderes em lei e equidade. Nos termos dessa disposição, o tribunal pode conceder qualquer alívio adequado a um caso particular que lhe seja submetido, incluindo, mas não se limitando a, condenações pecuniárias, mandados de segurança e injunções preliminares ou permanentes.

Além desses processos judiciais contra os Estados Unidos, o tribunal também detém competência exclusiva em matéria de certas ações cíveis movidas pelos Estados Unidos nos termos das leis que regem as transações de importação, bem como os pedidos reconvencionais, os créditos cruzados e as ações de terceiros relacionadas com ações pendentes no tribunal[137].

As funções judiciais da Corte de Comércio Internacional dos Estados Unidos em qualquer caso particular são exercidas por um único juiz a quem o caso é atribuído. Quando um caso envolve a constitucionalidade de um ato do Congresso, de uma sanção ou ordem executiva presidencial, ou qualquer questão que, de outra forma, possa ter implicações amplas e significativas, o juiz presidente da corte pode atribuir o caso a um painel de três juízes.

Os recursos das decisões finais do tribunal podem ser levados ao Tribunal de Apelações dos Estados Unidos para o Circuito

---

137. No ano de 2009 (dado mais recente disponível), a Corte de Comércio Internacional dos Estados Unidos havia iniciado 519 casos, concluído 418, havendo 2.111 casos pendentes de julgamento. Dados disponíveis em: 2009 Judicial Business of the United States Courts. *Annual Report of the Director 297*, 2009. Provided by and available through: Pence Law Library, Washington College of Law.

Federal (*U.S. Court of Appeals for the Federal Circuit*) e, em última instância, à Suprema Corte dos Estados Unidos.

9.1.4. *O Tribunal da Concorrência do Canadá*

O Tribunal da Concorrência do Canadá é um tribunal especializado que combina conhecimentos em economia e negócios com conhecimentos em direito. É um órgão jurisdicional que opera independentemente de qualquer órgão ou entidade governamental.

O tribunal lida com questões relativas a fusões e aquisições, abuso de posição dominante, acordos entre concorrentes, recusa de fornecimento e outras práticas comerciais restritivas, práticas enganosas de marketing, decisões judiciais, leis e diretrizes estrangeiras que afetem adversamente a atividade econômica no Canadá, além de negativa de abastecimento por fornecedores estrangeiros.

As questões perante o tribunal são geralmente de interesse nacional e de grande alcance e complexidade, podendo envolver valores significativos e impactar diretamente a competitividade das empresas privadas e da indústria canadense.

O *Bureau* da Concorrência (*Competition Bureau*), entidade do Poder Executivo, é comandado pelo Comissário da Concorrência, que é responsável pela administração e execução da Lei da Concorrência no Canadá. O *Bureau* realiza investigações administrativas em matéria antitruste e decide se eleva tais casos ou não ao Tribunal da Concorrência.

O Tribunal é composto de até seis membros nomeados dentre juízes federais e não mais de oito membros leigos (não juízes federais de carreira), num total máximo de 14 membros.

O Governador Geral do Canadá nomeia membros juízes por recomendação do ministro da Justiça. Os membros leigos são também nomeados pelo Governador Geral, por recomendação do ministro da Inovação, Ciência e Desenvolvimento Econômico.

Esses últimos acrescentam conhecimentos técnicos com base em suas experiências profissionais individuais em economia, negócios, finanças, contabilidade ou comércio. Os membros leigos são nomeados para o exercício de suas funções em tempo parcial. Todos os membros são nomeados para mandatos de até sete anos e podem ser reconduzidos.

As responsabilidades dos membros leigos incluem a revisão de petições e relatórios, a realização de audiências para colheita de evidências e argumentos, o exame de fatos e testemunhos de peritos, o questionamento e esclarecimento de argumentos de advogados e especialistas.

Mas, além disso, desenvolvem e mantêm conhecimentos profissionais de teoria econômica e empresarial relevantes, realizam pesquisas sobre tendências nacionais e internacionais e jurisprudência relacionada, permanecendo sempre atualizados.

9.1.5. *O Tribunal da Concorrência do Chile*

O Tribunal de Defesa da Livre Concorrência (TDLC) do Chile[138] é um tribunal especial e independente, sujeito à fiscalização administrativa, correcional e econômica do Supremo Tribunal do Chile, com jurisdição em todo o território nacional.

Sua função é prevenir, corrigir e punir danos à livre concorrência, aplicando as sanções previstas na legislação de regência[139]. É composto por cinco ministros, dos quais três são advogados e dois economistas[140].

O TDLC é um tribunal independente e especializado, que aprecia e decide casos de concorrência econômica em primeira

138. Criado pela Lei n. 19.911, publicada no *D.O.* em 14/11/2003 e estabelecido em 13 de maio de 2004.

139. Decreto-Lei n. 211.

140. O art. 6º do Decreto-Lei n. 211 prevê que o Tribunal de Defesa da Livre Concorrência será composto por:

a) Um advogado, que o presidirá, designado pelo Presidente da República a partir de uma lista de cinco candidatos estabelecida pelo Supremo Tribunal, por processo seletivo público de antecedentes. Somente poderão participar do processo seletivo candidatos com excepcional atividade profissional ou acadêmica especializada em direito da concorrência, direito empresarial ou direito econômico e comprovem ao menos 10 anos de experiência profissional.

instância. Como tal, é competente para decidir sobre fusões apresentadas pelas próprias partes, pelo Ministério Público Econômico (*Fiscalía Nacional Económica* - FNE) ou por terceiros, em procedimentos não contenciosos, bem como reclamações apresentadas pela FNE ou por terceiros, que supostamente seriam afetados por uma operação de concentração econômica. O TDLC também poderá homologar ou rejeitar o resultado de negociações entre as partes numa fusão e a FNE.

As decisões do TDLC relativas a operações de concentração em procedimentos não contenciosos ou contenciosos estão sujeitas a revisão pela Suprema Corte, que pode analisar, inclusive, questões de fato e de direito. Mais especificamente, verifica se as decisões tomadas foram bem motivadas e se os remédios exigidos para superar os riscos à concorrência foram proporcionais e adequados, ou seja, o tribunal afere o próprio mérito das decisões da autoridade de defesa da concorrência, a *Fiscalía Nacional Económica*.

9.1.6. *O Tribunal da Concorrência da Austrália*

O Tribunal Australiano da Concorrência (*Australian Competition Tribunal*) analisa os recursos contra as decisões da Comissão da Concorrência e do Consumidor da Austrália (ACCC) em relação às autorizações de práticas comerciais restritivas e à aprovação (ou proibição) de concentrações. O tribunal também analisa pedidos relacionados a concentrações que, de outra forma, não seriam apro-

---

b) Quatro profissionais de nível universitário especializados em concorrência, dois dos quais deverão ser advogados ou bacharéis em direito e os outros dois bacharéis ou pós-graduados em ciências econômicas.

Dois membros do tribunal, um de cada área profissional (direito e economia), serão nomeados pelo Conselho do Banco Central, depois de prévia seleção pública de antecedentes. Os outros dois membros, também um de cada área profissional, serão designados pelo Presidente da República, a partir de duas listas (uma para cada área profissional) com três candidatos, elaboradas pelo Conselho do Banco Central, também por meio de seleção pública.

O Tribunal terá dois suplentes, um advogado ou bacharel em direito e um bacharel ou pós-graduado em economia.

vados no "teste de concorrência", mas que as partes argumentam que resultariam em benefícios difusos que justificariam as suas autorizações. O tribunal tem o direito de exercer todos os poderes da ACCC, e pode afirmar, anular ou alterar as suas determinações como julgar conveniente.

Foi estabelecido sob a Lei de Práticas Comerciais de 1965 (*1965 Trade Practices Act*) e continua sob a Lei de Concorrência e Consumo de 2010 (*2010 Competition and Consumer Act*). Antes de 6 de novembro de 1995, o Tribunal era conhecido como "Tribunal de Práticas Comerciais".

é composto por um presidente, vice-presidentes e demais membros, todos nomeados pelo Governador-Geral. O presidente deve ser um juiz do Tribunal Federal da Austrália e os demais membros devem ser profissionais reconhecidos, com conhecimentos ou experiência na indústria, comércio, economia, direito ou administração pública.

O Tribunal, contudo, não possui recursos próprios. Os seus fundos são apropriados pelo Parlamento e administrados pelo Tribunal Federal da Austrália.

Como órgão de revisão judicial, o tribunal irá realizar uma reaudição ou reconsideração de uma questão e poderá exercer todos os poderes revisionais, ou seja, afirmar, anular ou alterar a decisão original.

Ele também decide os pedidos de revisão das determinações da Comissão Australiana da Concorrência e do Consumidor (ACCC), concedendo ou revogando autorizações que permitem a realização de medidas e contratos que, de outra forma, seriam proibidos pela lei, devido ao seu efeito potencialmente anticompetitivo.

Em relação às fusões e aquisições, o tribunal tem um duplo papel. Ele decide pedidos de revisão de determinações da Comissão para conceder ou recusar autorizações de fusões e aquisições; também aprecia pedidos de autorização de fusões e aquisições que, de outra forma, seriam proibidas pela lei.

9.1.7. *Cortes parcialmente especializadas*

Na França, por exemplo, há cortes parcialmente especializadas. Entre elas, as cortes especializadas em questões comerciais/empresariais, que incluem atos de comércio e abrangem a defesa da concorrência. Na segunda instância, há também o Tribunal de Apelações de Paris, que tem competência mista. Em particular, esse tribunal tem uma câmara especializada em defesa da concorrência. Além disso, o Tribunal de Cassação (*Court de Cassation*) é a mais alta instância civil e criminal da ordem judicial francesa, tendo também câmaras especializadas - uma delas - a câmara comercial, analisa casos envolvendo o direito da concorrência e o direito empresarial, dentre outros.

A Finlândia é outro exemplo de um país com um tribunal parcialmente especializado, pois o Tribunal de Mercado (*Market Court*) tem uma competência mista para rever o direito empresarial, o direito da concorrência, as licitações e contratos públicos e a propriedade intelectual[141].

O Tribunal do Mercado emite medidas acautelatórias contra restrições ilegais à concorrência, ordena sanções pecuniárias e revisa decisões em casos de fusões e aquisições. Além disso, o Tribunal do Mercado pode revogar decisões de adjudicação de contratos públicos, ajustar o processo de adjudicação e ordenar pagamentos compensatórios.

9.1.8. *Cortes integralmente especializadas*

A Índia é um dos poucos países do mundo com um tribunal de segunda instância especializado apenas em casos de direito da concorrência, o Tribunal de Apelação da Concorrência (*Competition Appellate Tribunal* - COMPAT). Contudo, trata-se de exemplo

141. GINSBURG, Douglas H.; WRIGHT, D. Joshua D. *Antitrust Courts*: Specialized Versus Generalist. Trabalho apresentado ao *Fordham Competition Law Institute*, September 20, 2012. Disponível em: <www.ftc.gov/sites/default/files/documents/publicstatements/antitrust-courts-specialists-versus-generalists/130722ginsburg_wright.pdf>. Acesso em: 13 abril 2017.

peculiar, pois o tribunal não faz parte do Poder Judiciário. Em vez disso, tem o seu orçamento definido pelo governo central e está vinculado aos princípios da justiça natural e sujeito às regras emitidas pelo governo.

No Reino Unido, de outro modo, há um tribunal especializado em direito da concorrência e regulação econômica, o Tribunal de Recursos da Concorrência (*Competition Appeal Tribunal* - CAT), órgão judicial especializado, cujos membros têm experiência horizontal em direito, economia, negócios e contabilidade, e cuja função é examinar e julgar questões de concorrência e regulação econômica, incluindo telecomunicações & radiodifusão, serviços financeiros, energia, aviação civil, seguridade social e saúde.

9.2. Cortes *quasi*-judiciais

9.2.1. *Tribunal de Comércio Internacional do Canadá (ITT)*

O Tribunal Canadense de Comércio Internacional (*International Trade Tribunal*) desempenha um papel central na administração da legislação internacional e doméstica que regula o comércio. É um órgão independente e *quasi*-judicial que se reporta ao Parlamento por meio do ministro das Finanças.

O mandato do tribunal se concentra em cinco áreas principais:

a) aplicação de instrumentos de defesa comercial: antidumping e medidas compensatórias;
b) licitações (queixas de potenciais fornecedores sobre compras pelo governo federal e suas obrigações em razão de acordos comerciais dos quais o Canadá seja parte);
c) recursos em matéria aduaneira (imposto de importação, licenças, classificação etc.);
d) consultas econômicas e tarifárias (aconselhamento sobre questões econômicas, comerciais e tarifárias, submetidas ao tribunal pelo Governo);

e) consultas sobre salvaguardas (queixas de produtores nacionais sobre prejuízo/dano, efetivo ou potencial, causado por importações) e recomendações ao governo sobre soluções apropriadas.

O tribunal tem os poderes de uma corte de segunda instância, com regras e procedimentos semelhantes aos de um tribunal judicial. Ao mesmo tempo, no entanto, aplica as suas regras e procedimentos de forma menos formal para promover acessibilidade, transparência e equidade. Examina documentos e todo tipo de material probatório, petições, utiliza pedidos de informação e questionários, realiza audiências públicas e ouve testemunhas.

Contudo, o ITT tem pouco controle sobre o volume e a complexidade de sua carga de trabalho e tem prazos estipulados e bastante breves para a maioria de seus casos. O tribunal é resultado da fusão da Junta de Tarifas (*Tariff Board*), do Tribunal Canadense de Importação (*Canadian Import Tribunal*) e da Junta de Têxteis e Vestuário (*Textile and Clothing Board*).

Em 1994, a Junta de Revisão de Licitações foi incorporada ao tribunal, ampliando o seu mandato para incluir investigações sobre procedimentos licitatórios federais e sua conformidade com as normas domésticas e com as obrigações comerciais internacionais do Canadá.

10. Profissionalização da administração da Justiça

O desenvolvimento da profissão de administrador judicial (*court administrator*) nos Estados Unidos começou com a "crise dos tribunais"[142] ocorrida durante os anos 1960 e 1970, com atrasos judiciais, acúmulo de processos e ineficiências notórias que levaram grupos como a *American Bar Association* (ABA), a Sociedade Judicial Americana (*The American Judicature Society* - AJS) e várias associações de juízes, incluindo o Conselho Judiciário Federal (*Federal Judicial Council*), liderado pelo Presidente da Suprema Corte (Warren Burger), a exigir melhorias na capacidade administrativa dos tribunais.

Incentivados pelo financiamento federal, sobretudo o Programa de Assistência à Aplicação da Lei (*Law Enforcement Assistance Program* - LEAP), gestores profissionais de tribunais foram contratados em ritmo febril durante os anos 1960 e 1970. Uma tendência complementar a esse respeito foi a criação de programas de formação especializada concebidos para preparar os indivíduos para os desafios únicos da gestão de burocracias judiciais.

O Instituto de Administração Judicial, em Denver, Colorado (*Institute for Court Management*), foi o primeiro programa focado exclusivamente em aperfeiçoar as habilidades dos gestores judiciais. Esse esforço conjunto da ABA e AJS foi logo acompanhado por

142. HAYS, Steven W. Court Administrators as Managers and Executives. *Encyclopedia of Public Administration and Public Policy*, Third Edition DOI: 10.1081/E-EPAP3-120010819, 2015, p. 679.

programas de graduação acadêmica, principalmente na *American University* em Washington, D.C., e na Universidade do Sul da Califórnia.

Hoje a profissão de administrador judicial alcança um elevado grau de respeitabilidade dentro e fora dos tribunais de todo o país. Cada estado da Federação conta agora com um escritório centralizado do administrador judicial (usualmente como um apêndice do tribunal de Justiça), e a maioria das cortes em grandes centros urbanos e tribunais de apelação emprega pelo menos um administrador profissional e pessoal de apoio apropriado.

A função essencial dos administradores judiciais é aliviar os juízes do maior número possível de suas cargas administrativas para que possam se concentrar em sua principal obrigação: instruir e decidir casos. Outra expectativa implícita é que a presença de um gestor em tempo integral aumenta os investimentos em modernização, tecnologia e inovação.

Os administradores indicam que seus esforços estão focados em fornecer aos juízes a infraestrutura de apoio necessária para lidar com as minúcias administrativas e melhorar as práticas de gestão do tribunal. O número médio de servidores necessários para administrar um tribunal típico geralmente excede 75, todos os quais devem ser contratados, treinados, supervisionados, pagos, avaliados e disciplinados. Gerenciar uma força de trabalho tão grande é uma tarefa da qual juízes e servidores técnico-jurídicos estariam mais do que satisfeitos em se desonerar.

10.1. Planejamento estratégico de longo prazo

Martin e Wagenknecht-Ivey[143] propõem um modelo de nove passos de processo de planejamento estratégico de longo prazo para cortes e tribunais. Ele começa com um compromisso de líderes e

143. MARTIN, J. A.; WAGENKNECHT-IVEY, B. J. *Strategic Planning Mentoring Guidelines*: Practical Tips for Court Leaders. State Justice Institute: Alexandria, VA, 2000, p. 693.

gestores e um acordo da equipe de planejamento estratégico sobre o escopo e o propósito do esforço. As etapas 2 e 3 focam o desenvolvimento de declarações de visão e missão. O passo 4 consiste em uma análise de tendências e construção de cenários, que pode ajudar a perceber como uma variedade de influências e tendências pode impactar os tribunais e como eles podem moldar um futuro positivo.

São ferramentas que envolvem "especulação e imaginação, mas não previsões aleatórias"[144]. Ou seja, é desejável que haja a criação de diferentes cenários críveis, sem, contudo, haver desprezo pelo método. O uso de cenários facilita um pensamento sistemático orientado para o futuro.

O passo 5 desse modelo é uma avaliação organizacional que permite ao tribunal ver como as suas estruturas, políticas, atitudes e recursos se alinham com as condições futuras esperadas e desejadas. No passo 6, as questões estratégicas e as áreas de resultados-chave são identificadas. Questões estratégicas são as políticas críticas ou desafios para a organização judicial que terão impacto sobre a sua eficácia futura. O passo 7 envolve o desenvolvimento de estratégias para responder a cada questão ou desafio. Essa etapa é considerada o coração do modelo, e metas, finalidades e objetivos finais amplos devem ser estabelecidos.

O passo 8 move a formulação do plano em estágios operacionais e de planejamento de ações e envolve a seleção de projetos, estabelecimento de prazos e avaliação de disponibilidade e impacto de recursos. O modelo pressupõe que o planejamento estratégico seja um processo permanente e contínuo. Como resultado, o passo 9 exorta os tribunais a estabelecer métodos para monitorar e avaliar resultados e desenvolver atualizações de planos.

---

144. MARTIN, J. A.; WAGENKNECHT-IVEY, B. J. Courts 2010: critical trends shaping the courts in the next decade. *Court Manager* 2000, 15(1), p. 6-15.

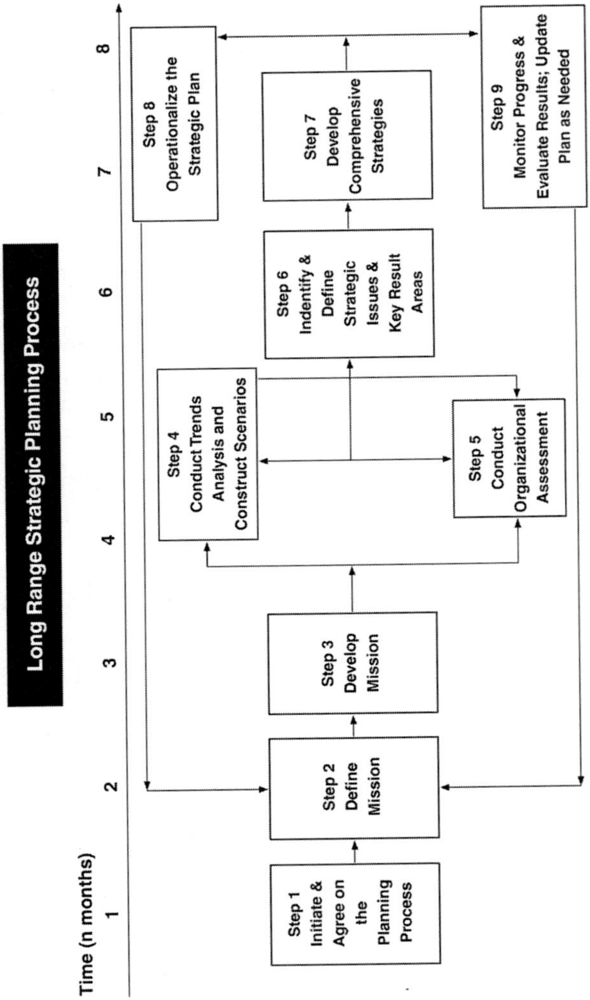

Fonte: Martin e Wagenknecht-Ivey.

Tempo (em meses) Processo de planejamento estratégico de longo prazo para cortes/tribunais[145]

A necessidade de métodos eficazes para lidar com as forças dinâmicas de mudança social continua a ser um grande desafio para os sistemas judiciais e outras instituições do setor público. O planejamento estratégico e as técnicas relacionadas que facilitam a comunicação, a colaboração, a fixação de metas e a prestação de contas ajudaram muitas organizações do setor público a mais bem se preparar. Há de se reconhecer, contudo, que "métodos robustos, focados, coordenados e democráticos serão sempre necessários para que o planejamento estratégico continue a ser um instrumento viável e benéfico para as próximas gerações"[146].

Noutro diapasão, as avaliações judiciais, para o bem ou para o mal, também vieram para ficar. Portanto, há uma "forte necessidade de desenvolver metodologias apropriadas de mensuração e diagnóstico"[147]. O desenvolvimento de critérios objetivos, inclusive, pode desmascarar e refutar os esforços de grupos de interesse e políticos em manipular padrões para promover as suas próprias agendas.

A abordagem de Choi, Gulati e Posner[148] é direta: "(1) identificar atributos de qualidade judicial que sejam neutros e incontes-

---

145. Etapa 1 – Início e acordo sobre o processo de planejamento estratégico; Etapa 2 – Definição da missão; Etapa 3 – Desenvolvimento da missão; Etapa 4 – Análise de tendências e construção de cenários; Etapa 5 – Avaliação organizacional; Etapa 6 – Identificação e definição de questões estratégicas e de áreas-chave para resultados; Etapa 7 – Desenvolvimento de estratégias abrangentes; Etapa 8 – Operacionalização do planejamento estratégico; e Etapa 9 – Monitoramento de progresso e avaliação de resultados – atualização do planejamento quando necessário.

146. RUBENSTEIN, H. Strategic planning tools for futurists. *Futures Res. Q.*, 2000, 16(3), 5-17.

147. BAKER, Scott; FEIBELMAN, Adam; MARSHALL, William P. The continuing search for a meaningful model of judicial rankings and why it (unfortunately) matters. *58 Duke L.J. 1645*, 2008-2009 Apud: HeinOnline.

148. CHOI, Stephen J.; GULATI, Mitu; POSNER Eric A. Judicial Evaluations and Information Forcing: Ranking State High Courts and Their Judges. *58 DUKE L. J. 1313* (2009).

táveis; (2) encontrar 'proxies'[149] objetivamente mensuráveis que se correlacionem com esses atributos; e (3) classificar os tribunais de acordo com as 'proxies'". Os atributos jurídicos seriam: produtividade, influência e independência. As *proxies* mensuráveis seriam: (i) o número de decisões (sentenças/acórdãos) publicadas, (ii) a quantidade de citações dessas decisões por outras cortes e tribunais e (iii) casos de desacordo entre juízes da mesma jurisdição/circunscrição.

O estudo sugere que, à medida que essas *proxies* demonstrarem atributos incontestáveis de juízes e tribunais, as classificações deverão refletir a qualidade judicial relativa. Espera-se que a classificação motive juízes e tribunais a melhorar a sua classificação e o seu desempenho.

149. Hipóteses utilizadas como referência para estimar o valor de uma variável, antes de conhecê-la.

11. As peculiaridades da situação brasileira

O Superior Tribunal de Justiça[150], juntamente com outras instituições[151], organizou em novembro de 2016 em Brasília seminário intitulado "Os desafios da judicialização da defesa da concorrência, da regulação e do comércio exterior"[152], que reuniu magistrados, advogados, economistas, professores, estudantes, diplomatas, profissionais especializados, enfim, as comunidades jurídica, econômica, empresarial, governamental e acadêmica, para discutir a possibilidade, a viabilidade e os desafios da criação de varas especializadas, no âmbito da Justiça Federal, que seriam competentes para matérias envolvendo temas econômico-comerciais, como, por exemplo, o comércio exterior, a defesa da concorrência e a regulação econômica. O objetivo seria ampliar a justiça distributiva no Brasil, trazendo maior celeridade, qualidade e segurança jurídica e, consequentemente, desenvolvimento e consolidação institucional, com espera-

---

150. Sob a coordenação dos ministros Ricardo Villas Bôas Cueva e Geraldo Og Niceas Marques Fernandes.
151. Conselho da Justiça Federal (CJF), Associação dos Juízes Federais do Brasil (AJUFE), Conselho Federal da OAB, Conselho Administrativo de Defesa Econômica (CADE), Ministério do Desenvolvimento, Indústria e Comércio Exterior (MDIC) e Centro de Estudos de Direito Econômico e Social (CEDES).
152. Seminário: Os desafios da judicialização da defesa da concorrência, da regulação e do comércio internacional. *Série Cadernos do CEJ*, Brasília, v. 32, 2015. Disponível em: <http://www.cjf.jus.br/cjf/corregedoria-da-justica-federal/centro-de-estudos-judiciarios-1/publicacoes-1/cadernos-cej/seminario-os-desafios-da-judicializacao-da-defesa-da-concorrencia-da-regulacao-e-do-comercio-internacional/@@download/arquivo>. Acesso em: 24 abril 2017.

dos resultados na criação de ambiente propício à atração e retenção de investimentos.

As conclusões[153] desse seminário foram no sentido de que "a experiência brasileira com a especialização de varas federais tem sido bem-sucedida em diversos ramos, como se verifica nas varas de lavagem de dinheiro e crimes financeiros[154], de propriedade intelectual[155] e de questões agrárias, dentre outras. Acredita-se que a criação de varas especializadas em comércio internacional e concorrência constituir-se-ia em avanço em relação à segurança jurídica quanto à estabilidade institucional".

Além disso, em expediente dirigido ao presidente do Conselho da Justiça Federal (CJF), os ministros Ricardo Cueva e Og Fernandes sugeriam ao CJF dar início à análise de "proposta de estudo para a criação e instalação de varas especializadas da Justiça Federal, em todas as capitais do país, em direito da concorrência e comércio internacional, mesmo que se faça no modelo de especialização sem exclusividade". Isto é, as varas especializadas a serem criadas não restringiriam a sua jurisdição aos temas inicialmente previstos (concorrência e comércio), mas poderiam ampliá-las se fosse necessário.

A partir dessa iniciativa, o e. Conselho da Justiça Federal deu início, em 29 de fevereiro de 2016, ao Processo n. CJF -PPP-2016/00010, cujo objeto é: "Proposta de criação e instalação de varas federais especializadas em Direito da Concorrência e Comércio Internacional".

No bojo desse processo encontra-se manifestação do Secretário de Estratégia e Governança do Conselho, Ivan Gomes Bonifácio, dirigida ao Secretário-Geral do CJF, Juiz Federal José Antonio Savaris, que, entre outros argumentos significativos[156], enfatiza:

---

153. Ofício n. 01/2016 – GMRVBC/STJ, de 19 de fevereiro de 2016.

154. Regulamentadas por meio da Resolução CJF-RES- 2013/00273, de 18/12/2013.

155. Na Justiça Federal da 2ª Região, Comarca do Rio de Janeiro.

156. Dentre eles: (i) o retardamento na solução da lide levaria, muitas vezes, à perda do objeto da ação; (ii) em casos de supostos cartéis, normalmente o

Alertam os especialistas que participaram daquele seminário que, em regra, o litígio envolvendo essas entidades reguladoras tem contornos de alta complexidade e, portanto, são de difícil resolução, o que é, segundo esses especialistas, agravado pela incompleta formação dos juízes, que, de modo geral, não dominam totalmente as regras aplicáveis e os métodos utilizados pelas agências reguladoras. Aliado a isso, tem-se o fato da relativa insegurança jurídica que as frequentes modificações na regulação do setor específico provocam.

Outros fatores que também retardariam ou dificultariam a solução dessas questões no Judiciário dizem respeito aos meandros da tramitação desses processos na justiça, por exemplo, o prazo em quádruplo concedido à Fazenda Pública para contestar, a concessão de liminares que suspendem as decisões das autarquias, com demora na solução definitiva do caso e que frustra o efetivo cumprimento das determinações dadas no plano administrativo. Outra situação incômoda é a falta de clareza em relação à competência de seção ou turma especializada para processar e julgar as ações contra ato do CADE ou de agência reguladora, fazendo ocorrer conflitos de competência dentro do tribunal, provocando, ainda, maior demora no julgamento definitivo dos recursos.

Atualmente, a Justiça Federal está organizada em cinco regiões:

- 1ª Região: Acre, Amapá, Amazonas, Bahia, Distrito Federal, Goiás, Maranhão, Mato Grosso, Minas Gerais, Pará, Piauí, Rondônia, Roraima e Tocantins.

Judiciário fica travado nas buscas e apreensões de documentos, podendo impactar no tempo de tramitação ou mesmo no resultado final do processo judicial; (iii) idem nas contracautelas, em razão da possibilidade de reversão de decisões liminares concedidas por juízes de primeira instância; (iv) o sistema processual e sua complexidade e multiplicidade de recursos acaba por ser extremamente moroso, levando as ações a durarem mais de dez anos; (v) o Poder Judiciário em um momento diz que a decisão administrativa vale e, num segundo momento, que não vale. No caso do "Cartel dos vigilantes", por exemplo, em um período de três anos, houve doze variações. A defesa ajuizou ações em várias circunscrições judiciais simultaneamente, resultando em processos com o mesmo objeto e um efeito possível de suspender a decisão administrativa.

- 2ª Região: Espírito Santo e Rio de Janeiro.
- 3ª Região: Mato Grosso do Sul e São Paulo.
- 4ª Região: Paraná, Rio Grande do Sul e Santa Catarina.
- 5ª Região: Alagoas, Ceará, Paraíba, Pernambuco, Rio Grande do Norte e Sergipe.

A Justiça Federal de primeiro grau, por sua vez, é organizada em varas com competência geral, cível, criminal, financeira, fiscal, ambiental, agrária e juizados especiais federais (JEFs).

O quadro abaixo mostra o total de varas federais e juizados especiais federais distribuídos por região no País[157]:

Tribunais Regionais Federais	**Total de Varas e JEFs**			
	VVaras Criadas	**Varas Instaladas**		
		Varas	**Varas com JEF Adjuntos**	**Total de Varas**
1ª Região	291	119	120	239
2ª Região	149	91	19	110
3ª Região	217	65	104	169
4ª Região	192	55	91	146
5ª Região	127	64	35	99
Total Geral	**976**	**394**	**369**	**763**

Regulamentando o inciso II do paragrafo único da Constituição Federal, a Lei n. 11.798, de 29 de outubro de 2008, definiu a competência do CJF para exercer a coordenação central e a uniformização de procedimentos, consubstanciadas na melhoria dos processos de trabalho, no âmbito da Justiça Federal de primeiro e segundo graus, das atividades de administração judiciária relativas a recursos humanos, gestão documental e de informação, administra-

157. Disponível em: <http://daleth.cjf.jus.br/atlas/Internet/QUADRODEVARASFEDERAIS.htm>. Dados atualizados em 10/04/2015. Acesso em: 6 maio 2016.

ção orçamentária e financeira, controle interno, informática e planejamento estratégico, organizadas em forma de sistema.

Considerando as suas atribuições constitucionais e legais, bem como o fato de que a especialização de varas é assunto afeto à organização judiciária e que, destarte, pode ser versado no âmbito do próprio Judiciário[158], o CJF evidentemente é um importante foro de discussão, decisão e direção sobre o tema.

De acordo com relatório de gestão do CJF de 2014[159], o Conselho empreende esforços com o intuito de aprimorar a prestação jurisdicional, a despeito de eventuais restrições orçamentárias, grande volume de ações ou ainda má qualidade da legislação.

O objetivo maior do Planejamento Estratégico da Justiça Federal, de acordo com o relatório, "é o atendimento, com qualidade, ao cliente: cidadão-usuário, advogados e instituições envolvidas nos processos judiciais, traduzido pelo objetivo estratégico de prestar serviços jurisdicionais de qualidade, de forma rápida, acessível e efetiva, com segurança jurídica e transparência, na busca da satisfação dos jurisdicionados da Justiça Federal".

Na esteira desse escopo de aprimoramento da prestação jurisdicional, insere-se a eventual especialização de órgãos da Justiça Federal.

Naturalmente, a especialização de varas em outras searas (família, infância e juventude, Fazenda Pública, ambiental etc.) tem produzido efeitos difusamente benéficos que, em apertada síntese, incluem, mas não se limitam ao maior domínio dos magistrados sobre ramos específicos do Direito, decisões judiciais mais previsíveis e harmônicas, equilíbrio no andamento dos processos e celeridade dos feitos.

À medida que propicia maior segurança jurídica, sobretudo hoje em que a jurisprudência desponta como relevantíssima fonte

158. HC 88660/CE, Rel. Min Cármen Lúcia, *DJe* 06/08/2014.

159. Disponível em: <http://www.cjf.jus.br/cjf/transparencia-publica-1/informacoes-gerenciais-e-de-planejamento/relatorios-de-gestao-1>. Acesso em: 25 abr. 2016.

do direito, a criação de varas especializadas em matéria "econômico-empresarial", no âmbito da Justiça Federal, contribuiria sobremaneira para a previsibilidade e segurança jurídica, melhorando o ambiente institucional e jurídico para o planejamento e a execução de negócios pelos jurisdicionados, bem como para a atração e manutenção de investimentos.

Com efeito, a criação de varas com tal especialização atenderia, salvo melhor juízo, em grande medida, demanda dos *stakeholders*[160], que almejam celeridade nos processos judiciais e previsibilidade e qualidade das decisões.

Em sentido contrário, o descompasso do Estado-juiz com a complexidade das atividades empresariais e com o dinamismo dos mercados, nacional e internacional, pode impactar negativamente o chamado "custo Brasil", ou seja, o conjunto de dificuldades estruturais, burocráticas e econômicas que encarecem e atrapalham os investimentos no País, a ensejar ou perenizar desemprego, trabalho informal, sonegação de impostos e a evasão de divisas, enfim, prejuízos ao desenvolvimento nacional, objetivo tão caro à República Federativa do Brasil, consoante o art. 2º, inciso II, da Constituição Federal.

A experiência também nos revela que iniciativas como as que ora comentamos têm produzido bons frutos. No direito comparado, vale ratificar o exemplo do Estado de Delaware (EUA)[161], reconhecido internacionalmente como referência em jurisdição empresarial, e cujo sistema judicial especializado detalhamos em seção específica.

Também como já brevemente mencionado, no Brasil, os estados do Rio de Janeiro[162] e de Minas Gerais[163], por exemplo, criaram

---

160. Partes interessadas.

161. *Litígios na Corte de Chancelaria de Delaware e na Suprema Corte de Delaware.* Estado de Delaware. Disponível em: <http://corplaw.delaware.gov/por/litigation.shtml>. Acesso em: 25 abr. 2016.

162. Em consonância com a Resolução 20/10 do E. Órgão Especial do TJRJ. No Rio de Janeiro foram criadas sete varas empresariais.

163. Em Minas Gerais há duas varas empresariais, que envolvem não só falência, concordata e recuperação judicial, mas a propriedade intelectual e o direito

varas empresarias especializadas a partir da extensão da competência das varas de falência e recuperação judicial[164], que passaram a julgar ações outras, como, por exemplo, arbitragem e ações coletivas de direito do consumidor. O resultado dessa medida gerou maior celeridade processual e menor variação entre as decisões, guardando um índice significativamente menor de revisões pelo Tribunal de Justiça.

Em São Paulo, a alternativa foi a criação de turmas especializadas em direito criminal, direito privado e direito público no Tribunal de Justiça. O Tribunal de Justiça do Estado de São Paulo (TJSP)[165], em vez de criar varas especializadas, conta hoje com duas Câmaras Especializadas de Direito Empresarial, as quais também abarcam as competências de matérias relativas a falência e recuperação judicial. A expectativa do TJSP é de que os recursos nessas câmaras, que antes demoravam em média um ano para serem julgados, agora sejam finalizados em um prazo de dois meses.

Somente no Rio de Janeiro, estudos[166] mostram que as decisões de varas especializadas têm um índice de reforma que varia entre 12% a 15% a menos do que as decisões das demais varas, percentual esse que tende a aumentar com o passar do tempo, em virtude da maior especialização dos magistrados.

Conforme ressaltado pelo Conselho da Justiça Federal[167], o volume de processos que tramitam no Judiciário brasileiro em que são discutidas questões relativas ao direito de concorrência e do comércio internacional não é expressivo. Dados apresentados em pesquisa realizada sob encomenda do Conselho Nacional de Justiça

---

societário.

164. Hoje "Varas de Falência e Recuperação Judicial".

165. TJ-SP instala câmara para julgar causas empresariais. *Consultor Jurídico*, 2011. Disponível em: <http://www.conjur.com.br/2011-jun-30/tj-sp-instala-camara-julgar-litigios-direito-empresarial>. Acesso em: 6 maio 2016.

166. RIBEIRO, Ivan César. CVM e Judiciário: o efeito da incerteza jurídica nos investimentos em ações e a justiça especializada. *Revista Direito GV*, São Paulo, v. 3, n. 1, p. 35-56, jan.-jun. 2007.

167. Manifestação do Secretário de Estratégia e Governança do CJF.

(CNJ)[168] indicam que havia, em agosto de 2010, arquivados ou em tramitação na Justiça Federal, apenas 84.706 (oitenta e quatro mil, setecentos e seis) processos em que são partes as agências reguladoras, a CVM[169], o CADE e a PREVIC[170]. Considerando que ingressam todos os anos na Justiça Federal cerca de 4 milhões de casos novos e há mais de 8 milhões em tramitação, fica evidente que não é o aspecto quantitativo o único motivo para a eventual especialização jurisdicional no Brasil.

Contudo, há que se ter em mente que os sistemas assimétricos de cadastramento e autuação de processos utilizados pelos diferentes tribunais Brasil afora podem não oferecer números muito precisos em relação a esse volume.

A partir do exame da proposta, o Conselho da Justiça Federal vislumbrava três alternativas para a implementação da especialização sugerida:

1. especializar uma ou duas varas na capital que, com competência concorrente, mantendo as atuais, incorporaria os temas do direito do comércio internacional e da concorrência. Nessa configuração, segundo o CJF, haveria o benefício do aperfeiçoamento da prestação jurisdicional, com a natural especialização técnica que os magistrados acabariam alcançando pela dedicação mais densa ao tema. Além disso, é esperada uma maior harmonização e convergência jurisprudencial, pois se evitaria a pulverização dos

---

168. *As inter-relações entre o processo administrativo e o judicial, sob a perspectiva da segurança jurídica do plano da concorrência econômica e da eficácia da regulação pública*. Relatório final da pesquisa. Edital de Seleção 01/2009. Disponível em: <http://www.cnj.jus.br/images/pesquisas-judiciarias/Publicacoes/relat_pesquisa_usp_edital1_2009.pdf>. Acesso em: 25 abril 2017.

169. Comissão de Valores Mobiliários, autarquia federal vinculada ao Ministério da Fazenda.

170. A Superintendência Nacional de Previdência Complementar (PREVIC) é uma autarquia de natureza especial, vinculada ao Ministério da Fazenda, com sede e foro no Distrito Federal, e atuação em todo o território nacional como entidade de fiscalização e supervisão das atividades das entidades fechadas de previdência complementar e de execução das políticas para o regime de previdência complementar operado pelas referidas entidades.

processos entre muitos julgadores. Por outro lado, é provável que com essa configuração não se consiga enfrentar o problema da morosidade judicial, uma vez que o juiz teria que se dividir entre outras competências para proceder ao julgamento dos milhares de outros processos a que teria que se dedicar. Uma solução coadjuvante para esse caso poderia ser a determinação de uma meta para dar prioridade ao julgamento desses processos, por exemplo, com a limitação de prazo máximo para tramitação do processo principal;

2. criar uma vara especializada com competência exclusiva nos temas do direito do comércio internacional e da concorrência. Essa opção traria o benefício de provocar significativa aceleração no julgamento das lides, pois certamente seria uma vara enxuta e com altíssimo grau de especialização, o que poderia provocar melhoria significativa na qualidade das decisões, mais alinhadas à legislação e à jurisprudência balizadoras do tema. Por outro lado, essa alternativa pode não ser viável, pois requer disponibilidade orçamentária (haveria necessidade de alocação de cargos efetivos em comissão, infraestrutura etc.), além do fato de que a eventual criação dessa vara poderia tornar desequilibrada a atuação jurisdicional na Justiça Federal, pois teríamos um grupo de servidores e magistrados dedicados a uma demanda, em tese, muito inferior à média a que os demais juízes e funcionários estariam submetidos, revertendo-se em grave ineficiência institucional; ou

3. redefinir a organização judiciária da Justiça Federal, de modo a criar uma ou mais varas com competência para resolver as prioridades definidas na estratégia nacional do Judiciário e aquelas questões que mais afetem o cidadão e o bom funcionamento do Estado. Nesse escopo, estariam, por exemplo, as ações coletivas, as ações civis públicas, as ações de improbidade administrativa (dano ao erário, enriquecimento ilícito e violação aos princípios administrativos) e, claro, as relativas ao direito da concorrência, da regulação e do comércio internacional.

O Conselho da Justiça Federal enviou cópia integral dos autos da proposta aos presidentes dos tribunais regionais federais das cinco regiões da Justiça Federal no Brasil.

O presidente do Tribunal Regional Federal da 4ª Região (PR, RS e SC) respondeu que, consultadas as respectivas Seções Judiciárias, aquele tribunal era favorável à especialização em direito da concorrência e comércio internacional, no âmbito da Justiça Federal, sem que a unidade judiciária especializada processe exclusivamente essas matérias, em face do quantitativo limitado de processos envolvidos e desde que tal especialização se dê no âmbito das Seções Judiciárias nos estados da Federação.

Já o presidente do TRF da 1ª Região respondeu haver identificado 109 processos em tramitação na 1ª Região envolvendo matérias como concorrência, comércio internacional e regulação econômica. Contudo, ressaltou o magistrado que "os parâmetros de pesquisa indicados não são suficientes para gerar um diagnóstico próximo da realidade. Inúmeros processos envolvendo agências reguladoras (ANATEL, ANEEL, ANS, ANVISA, ANAC, ANP etc.) deixaram de ser relacionados, porque, na maioria das vezes, são autuados na classe ação ordinária/outras, sem levar em consideração qualquer outra especificidade. Sem falar nos mandados de segurança".

O TRF da 2ª Região respondeu ao CJF informando que "em tese e preliminarmente, era a favor da especialização de varas em direito da concorrência e comércio internacional no âmbito da Justiça Federal".

Por fim, a presidente do TRF da 3ª Região se manifestou favoravelmente à continuidade dos estudos, nos termos propostos pelo CJF, a fim de que seja aferida a relevância estratégica dos temas. Concluiu também que a eventual especialização deve ser realizada sem exclusividade, uma vez que o volume de processos não enseja tratamento exclusivo.

Conclusões

Os benefícios e custos de cortes especializadas foram aqui estudados e são bem conhecidos. Tais cortes aliviam substancialmente os encargos de outros juizados e tribunais generalistas. Medir o alívio na sobrecarga de trabalho não é, no entanto, simplesmente uma questão de contar processos deslocados de uma corte ou de um tribunal para outro. O que importa é a quantidade de tempo e esforço poupados aos juízes. O truque, portanto, é "encontrar os casos que impõem os maiores encargos de recursos (tempo e pessoal) sobre os tribunais, em comparação com a sua importância"[171].

Cortes judiciais que desempenham bem a função de controle judicial e prestação jurisdicional são um "determinante indireto da performance econômica"[172] de um país. Elas promovem a produção e distribuição eficientes de bens e serviços e asseguram "dois pré-requisitos essenciais das economias de mercado: a segurança dos direitos de propriedade e o cumprimento e execução de contratos[173]".

A segurança dos direitos de propriedade reforça os incentivos a poupança e aos investimentos, protegendo os retornos e a sustenta-

171. BRUFF, Harold H. Specialized Courts in Administrative Law. HeinOnline: *43 Admin. L. Rev. 329*, 199. Available Through: Pence Law Library, Washington College of Law.

172. *OECD Economic Surveys*: Mexico. 2013. OECD Publishing, Disponível em: <http://dx.doi.org/10.1787/eco_surveys-mex-2013-en>. Acesso em: 27 abril 2017.

173. WILLIAMSON, Oliver E. *The Mechanics of Governance.* New York: Oxford University Press, 1996.

bilidade dessas atividades. O cumprimento adequado dos contratos induz os participantes do mercado a manter relações econômicas, "desencorajando comportamentos oportunistas"[174] e diminuindo os "custos de transação"[175].

Nesse contexto, a presente obra buscou estudar a relevância, a viabilidade e os resultados sociais líquidos da criação de varas especializadas em matérias "econômico-empresariais".

Emprestar segurança jurídica e institucional, além de credibilidade e confiança a investidores caprichosos, num ambiente internacional crescentemente competitivo, não é tarefa simples. Todavia, os juízes estão excepcionalmente qualificados para realizar um equilíbrio dos princípios processuais e substantivos na aplicação dos diversos ramos do direito econômico e empresarial devido a pelo menos três razões principais[176]:

a) **independência** de outros Poderes e entidades do Estado, o que lhes permite imparcialidade e coerência na interpretação do direito aplicável;
b) **experiência** no processo de discernimento do(s) objetivo(s) subjacente(s) da lei e reconciliação de seus objetivos fundamentais com a necessidade de sua aplicação justa e transparente;
c) **especialização** na interpretação da lei.

Órgãos jurisdicionais especializados, com competência para julgar causas relativas a assuntos que demandam notória *expertise*[177] e que, em regra, não são objeto de maiores aprofundamentos quer na graduação, quer nos próprios concursos e cursos da magistratu-

---

174. O oportunismo é definido como a busca de interesses próprios com astúcia. Inclui formas flagrantes como mentir, furtar e trapacear, assim como formas sutis de engano, principalmente a divulgação incompleta ou distorcida de informação.
175. Custos de transação são custos incorridos na realização de um intercâmbio econômico, isto é, o custo de participação em um mercado.
176. OCDE. *Judicial enforcement of competition law*. Policy Roundtables, 1996.
177. Especialização.

ra, podem indicar uma solução viável ao crescente e desafiante problema do volume e acúmulo de processos no Judiciário brasileiro, assim como noutras Jurisdições.

Nesse contexto, e considerando a abordagem multijurisdicional para a designação de varas federais especializadas no Brasil, nossa conclusão vai ao encontro da sugestão n. 3 e, alternativamente, da n. 1, ambas do Conselho da Justiça Federal (CJF)[178], ou seja:

a) pela redefinição da organização judiciária da Justiça Federal, de modo a estabelecer uma ou mais varas com competência para resolver questões relacionadas à defesa da concorrência, comércio exterior[179], regulação[180], arbitragem[181-182] e mediação[183] e proteção do consumidor (ações coletivas e ações civis públicas). Assim, todas as ações ajuizadas na Justiça Federal de determinada região, independentemente da competência geográfica, seriam distribuídas à(s) vara(s) especializada(s) em temas econômico-difusos, conforme listados acima; ou, alternativamente;
b) pela especialização de uma ou mais vara(s) nas capitais, em temas de defesa da concorrência, comércio exterior, regulação, arbitragem e mediação e proteção do consumidor.

---

178. Ver Capítulo 10, supra.
179. Defesa comercial (antidumping, medidas compensatórias e salvaguardas), licenças de importação, regimes de origem, financiamento e garantia às exportações e tarifas.
180. Sistema Financeiro Nacional (BACEN); valores mobiliários e mercado de capitais (CVM); energia elétrica (ANEEL); telecomunicações (ANATEL); petróleo, gás natural e biocombustíveis (ANP); recursos hídricos (ANA); mineração (ANM – antigo DNPM); mercado audiovisual (ANCINE); saúde suplementar (ANS); fármacos e vigilância sanitária (ANVISA); aviação civil (ANAC); transportes terrestres (ANTT) e aquaviários (ANTAQ).
181. Lei n. 9.307, de 23 de setembro de 1996. Dispõe sobre a arbitragem.
182. Lei n. 13.129, de 26 de junho de 2015. Dispõe sobre a possibilidade de a administração pública direta e indireta utilizar-se da arbitragem para dirimir conflitos relativos a direitos patrimoniais disponíveis.
183. Lei n. 13.140, de 26 de junho de 2015. Dispõe sobre a mediação entre particulares como meio de solução de controvérsias e sobre a autocomposição de conflitos no âmbito da administração pública.

> Essa(s) vara(s), contudo, manteria(m) as suas competências atuais, agregando estas novas competências jurisdicionais especializadas. Os processos dessas áreas especializadas seriam distribuídos às varas com preferência, e, havendo espaço para distribuição suplementar, se seguiriam os processos relativos às prioridades definidas na estratégia nacional do Judiciário, ou seja, as ações coletivas, as ações civis públicas e as ações de improbidade administrativa, nessa ordem.

Essa(s) vara(s) especializada(s) teria(m) atribuição preferencial para o julgamento de ações conforme os temas elencados acima, isto é, vara(s) específica(s) para a(s) qual(is) seriam distribuídos todos os processos que tratem de concorrência, comércio exterior, regulação, arbitragem e mediação e proteção do consumidor.

Havendo espaço para distribuição suplementar, tal(is) vara(s) também receberia(m) ações coletivas e ações civis públicas sobre outros temas previstos na legislação, bem como, eventualmente, as ações por improbidade administrativa.

Essa abordagem não pressuporia necessariamente a criação, com ônus, de nova(s) vara(s) na Justiça Federal, mas simplesmente uma reorganização e reestruturação de varas para que passe(m), alguma(s) dela(s), a atuar preferencialmente nessas áreas específicas, embora sem exclusividade.

É muito importante que se tenha cuidado, contudo, para que, ao incluir as ações civis públicas, as ações coletivas e as ações por improbidade administrativa na competência das varas especializadas, não acabem essas últimas por engolir aquelas competências que foram inicialmente propostas[184] e que têm o condão de melhorar o ambiente de negócios, a segurança jurídica, enfim, a estabilidade e credibilidade necessárias à atração e manutenção de investimentos, ao desenvolvimento econômico e, consequentemente ao bem-estar geral da sociedade.

A correta divisão do trabalho, por si só, é capaz de contribuir muito para promover a eficiência. A limitação de casos atribuídos

184. Concorrência, regulação, comércio exterior, arbitragem e mediação e proteção do consumidor.

a juízes especializados e o consequente aprofundamento de conhecimentos certamente produzirão decisões mais expeditas e sólidas.

Por fim, uma outra alternativa pode ser considerada e vai ao encontro do que já se faz em países como os Estados Unidos[185] e a Nova Zelândia[186], por exemplo. Trata-se da designação de *panels* (turmas ou câmaras) de juízes de primeiro grau que se reúnem periodicamente, em colegiado, para discutir casos semelhantes, esclarecer questões, aproximar interpretações e, possivelmente, apreciar alguns tipos de recursos, aliviando a 2ª instância, sem, contudo, perder o foco numa adjudicação especializada.

Em certa medida, essas eventuais câmaras especializadas da 1ª instância da Justiça federal se aproximariam das turmas julgadoras dos juizados especiais federais. Todavia, com competências em razão da matéria, e não em razão do valor.

Tais câmaras especializadas seriam integradas por juízes federais de 1º grau, com experiência profissional e conhecimentos teóricos suficientes e cujas atribuições singulares se concentrariam, preferencialmente, em casos envolvendo defesa da concorrência, comércio exterior[187], regulação[188], arbitragem[189-190] e mediação[191]

185. UNAH, Isaac. Op. cit., p. 11.
186. LEGOMSKY, Stephen H. Op. cit., p. 43.
187. Defesa comercial (antidumping, medidas compensatórias e salvaguardas), licenças de importação, regimes de origem, financiamento e garantia às exportações e tarifas.
188. Sistema Financeiro Nacional (BACEN); valores mobiliários e mercado de capitais (CVM); energia elétrica (ANEEL); telecomunicações (ANATEL); petróleo, gás natural e biocombustíveis (ANP); recursos hídricos (ANA); mineração (ANM – antigo DNPM); mercado audiovisual (ANCINE); saúde suplementar (ANS); fármacos e vigilância sanitária (ANVISA); aviação civil (ANAC); transportes terrestres (ANTT) e aquaviários (ANTAQ).
189. Lei n. 9.307, de 23 de setembro de1996. Dispõe sobre a arbitragem.
190. Lei n. 13.129, de 26 de junho de 2015. Dispõe sobre a possibilidade de a administração pública direta e indireta utilizar-se da arbitragem para dirimir conflitos relativos a direitos patrimoniais disponíveis.
191. Lei n. 13.140, de 26 de junho 2015. Dispõe sobre a mediação entre particulares como meio de solução de controvérsias e sobre a autocomposição de

e proteção do consumidor (ações coletivas e ações civis públicas). Não havendo volume suficiente (consoante média ponderada a ser atribuída) nessas áreas especializadas, seriam distribuídos também processos relativos às prioridades definidas na estratégia nacional do Judiciário, ou seja, as ações coletivas, as ações civis públicas e as ações de improbidade administrativa.

Dada a natureza complexa do direito da concorrência, do comércio internacional e da regulação, por exemplo – considerada a estreita relação entre os princípios jurídicos e econômicos –, os juízes devem ter experiência e conhecimentos especializados na interpretação desses ramos do direito, "a fim de equilibrar duas das suas principais funções, nomeadamente assegurar o devido processo legal e aplicar, quando apropriado, princípios econômicos substantivos no seu raciocínio"[192]. Por conseguinte, a compreensão dos fatos e conceitos econômicos na interpretação do direito constitui uma parte importante da aplicação efetiva do direito pelo Poder Judiciário.

Ao resistir à especialização, o Judiciário pode vir a impor custos significativos à sociedade. É provável, portanto, que não seja simplesmente uma questão de implementação da especialização judicial, mas de quanto tempo o público permitirá que a falta de especialização continue no Judiciário. À medida que as despesas do Estado aumentam, as pressões sobre o Judiciário para conter custos e administrar eficientemente os recursos judiciais também aumentam.

Novas "demandas de serviços e desafios organizacionais"[193] na prestação da Justiça criaram a necessidade de um planejamento mais sistemático e integrador a longo prazo. Para enfrentar esse ambiente cada vez mais complexo e dinâmico, os sistemas judiciais

---

conflitos no âmbito da administração pública.

192. ORGANIZAÇÃO PARA A COOPERAÇÃO E DESENVOLVIMENTO ECONÔMICO (OCDE). A Resolução de Casos de Concorrência por Cortes Especializadas e Generalistas (*The Resolution of Competition Cases by Specialised and Generalist Courts*), 2016.

193. BOTCH. Deborah A. Court System Strategic Planning. *Encyclopedia of Public Administration and Public Policy*, Third Edition DOI: 10.1081/E-EPAP3-120011040, 2015, p. 691.

têm-se voltado para ferramentas e métodos de planejamento estratégico preestabelecidos.

Questão importante e fulcral para o bom funcionamento da Justiça especializada, e da Justiça em geral, é a concepção, o desenvolvimento e a constante evolução de sistemas integrados de informação, bancos de dados, relatórios, análises e estudos sobre a realidade e os números da Justiça brasileira.

A carência de ferramentas de diagnóstico e análise da situação do Judiciário torna muito difícil, senão impossível, determinar a sua melhor e mais eficaz estrutura, a mais consentânea com os crescentes desafios de tornar fluida a economia e garantir os interesses difusos.

Entretanto, parecem faltar instrumentos à Justiça Federal brasileira para um diagnóstico adequado do quadro atual de ações envolvendo temas como concorrência, regulação e comércio exterior, uma vez que o cadastramento, a autuação e a identificação dos processos por tema ou área ainda seriam falhos.

Conforme afirmado pela presidência do TRF da 1ª Região: "os parâmetros de pesquisa indicados não são suficientes para gerar um diagnóstico próximo da realidade. Inúmeros processos envolvendo agências reguladoras deixaram de ser relacionados, porque, na maioria das vezes, são autuados na classe ação ordinária/outras, sem levar em consideração qualquer outra especificidade. Sem falar nos mandados de segurança".

Assim, resta mais dificultoso o labor de colheita de informações para embasar uma análise apropriada e conclusões judiciosas sobre a melhor, mais eficiente e sustentável estrutura de atuação do Judiciário, em suas mais diversas frentes.

Tão importante quanto a criação desse aparato para se conhecer, diagnosticar e melhorar a prestação jurisdicional é estabelecer mecanismos de intercâmbio de informações, estatísticas e análises entre instituições como o Conselho Nacional de Justiça (CNJ) e o Conselho da Justiça Federal (CJF), por exemplo.

Referências

ABRÃO, Carlos Henrique. *Criação de Varas Empresariais*. Associação dos Magistrados Brasileiros. 2012. Disponível em: <http://www.amb.com.br>. Acesso em: 8 maio 2013.

AMERICAN BAR ASSOCIATION. *Business courts*: towards a more efficient judiciary. Business Lawyer. 52.3 (May 1997): p. 947-963.

ÁRABE NETO, Abrão M.; BONOMO, Diego Z. Tribunal especializado em comércio exterior. *Valor Econômico*, 03/07/2012. Disponível em: <http://www.valor.com.br/imprimir/noticia/2735934/brasil/2735934/tri>. Acesso em: 27 março 2017.

AZEVEDO, Paulo Furquim de; FERRAZ JUNIOR, Tercio Sampaio; MARANHÃO, Juliano Souza de Albuquerque. *As inter-relações entre o processo administrativo e o judicial, sob a perspectiva da segurança jurídica do plano da concorrência econômica e da eficácia da regulação pública.* São Paulo: USP, 2011. Relatório da pesquisa. Disponível em: <http://www.cnj.jus.br/images/pesquisas-judiciarias/Publicacoes/relat_pesquisa_usp_edital1_2009.pdf>. Acesso em: 24 abril 2017.

BAKER, Scott; FEIBELMAN, Adam; MARSHALL, William P. *The continuing search for a meaningful model of judicial rankings and why it (unfortunately) matters*. 58 Duke L.J. 1645 2008-2009 Apud: HeinOnline.

BAUMGARTNER, Frank R.; BRYAN D. Jones. *Agendas and instability in American Politics*. Chicago: University of Chicago Press, 1993.

BENTZEN, GUILHERME. *A necessidade de criação de jurisdição empresarial especializada no Poder Judiciário Goiano*. Artigo publicado em 27/6/2014. Disponível em: <http://bmmadvocacia.com/a-necessidade-de-criacao-de-jurisdicao-empresarial-especializada-no-poder-judiciario-goiano/>. Acesso em: 25 abril 2017.

BERGAL, Jenni. Business Courts Take on Complex Corporate Conflicts. The Pew Charitable Trusts, Oct. 28, 2015.

BOTCH, Deborah A. Court System Strategic Planning. Encyclopedia of Public Administration and Public Policy, Third Edition DOI: 10.1081/E-EPAP3-120011040, 2015.

BRUFF, Harold H. Specialized Courts in Administrative Law. HeinOnline: 43 Admin. L. Rev. 329 199. Available Through: Pence Law Library, Washington College of Law.

CHOI, Stephen J.; GULATI, Mitu; POSNER, Eric A. Judicial Evaluations and Information Forcing: Ranking State High Courts and Their Judges. 58 DUKE L. J. 1313 (2009).

CHRISTENSEN, Robert K.; KREIS, Anthony M. Courts and Policy in the U.S. Encyclopedia of Public Administration and Public Policy, Third Edition, 2015. DOI: 10.1081/E-EPAP3-120053550.

CONFEDERAÇÃO NACIONAL DA INDÚSTRIA – CNI *Agenda Internacional da Indústria 2016*. Disponível em: <http://www.portaldaindustria.com.br/agenciacni/noticias/2016/06/cni-lanca-agenda-internacional-com-propostas-para-ampliar-comercio-exterior/>. Acesso em: 16 maio 2017.

Court Review, Volume 37, Issue 1, Spring 2000. The Journal of the American Judges Association. 37 Ct. Rev. 1 – 2000-2001. Apud: HeinOnline.

CURRIE, David P.; GOODMAN, Frank I. Judicial Review of Federal Administrative Action: Quest for the Optimum Forum. *Columbia Law Review*, vol. 75, n. 1, January 1975.

DRAHOZAL, Christopher R. Business Courts and the Future of Arbitration. *10 Cardozo f. of Conflict Resol. 491*, 496, 2008.

DREYFUSS, Rochelle C. Specialized Adjudication, *1990 B.Y.U. L. Rev. 377*.

EPSTEIN, L.; KNIGHT, J. *The Choices Justices Make*. CQ Press: Washington, DC, 1998. vol. xviii, 200.

FRANKFURTER, Felix; LANDIS, James M. *The business of the Supreme Court*: a study in the federal judicial system. New York: The Macmillan Company, 1972.

GINSBURG, Douglas H.; WRIGHT, D. Joshua D. *Antitrust Courts*: Specialised Versus Generalist. Trabalho apresentado ao Fordham Competition Law Institute, September 20, 2012. Disponível em: <www.ftc.gov/sites/default/files/documents/public_statements/antitrust-courts-specialists-versus-generalists/130722ginsburg_wright.pdf>. Acesso em: 16 maio 2017.

GREENWALD, John D. *Judicial Review of Antidumping and Countervailing Duty Decisions of the Department of Commerce and the United States International Trade Commission*, Oct. 23, 1985 (paper presented at Second USCIT Judicial Conference).

GUTHRIE, Chris; RACHLINSKI Jeffrey J.; WISTRICH, Andrew J. *The "Hidden Judiciary"*: An Empirical Examination of Executive Branch Justice, 58 DUKE L.J. 1477, 1479 (2009).

HAYS, Steven W. Court Administrators as Managers and Executives. *Encyclopedia of Public Administration and Public Policy*, Third Edition DOI: 10.1081/E-EPAP3-120010819, 2015.

INTERNATIONAL COMPETITION NETWORK - ICN. Competition Policy Implementation Working Group. "*Concorrência e Judiciário - Estudo de Casos*" (*Competition and the Judiciary. 2nd Phase - Case Studies*). 6th ICN Annual Conference Moscow, Russia. May-June, 2007.

JORDAN, Ellen R. Specialized Courts: A Choice? *Northwestern University Law Review*, 1981, vol. 76, N. S. 76 Nw. U. L. Rev. 745 1981-1982. Available through: Pence Law Library, Washington College of Law, 2017.

JUNIOR, Tercio Sampaio Ferraz; MARANHÃO, Juliano Souza de Albuquerque Maranhão; AZEVEDO, Paulo Furquim de. *Relatório final da pesquisa sobre as inter-relações entre o processo administrativo e o judicial, sob a perspectiva da segurança jurídica do plano da concorrência econômica e da eficácia da regulação pública*. Universidade de São Paulo - USP, 2009.

KESAN, Jay P.; BALL, Gwendolyn G. Judicial Experience and the Efficiency and Accuracy of Patent Adjudication: An Empirical Analysis of the Case for a Specialized Patent Trial Court. *Harvard Journal of Law & Technology*, vol. 24, n. 2 Spring 2011 (24 Harv. J. L. & Tech. 393 2010-2011).

LANDAU, Martin. Redundancy, Rationality, and the problem of duplication and overlap. *Public Administration Review*, 29:346-58.

LANDES, William M.; POSNER, Richard A. The Independendent Judiciary in an Interest-Group Persepctive. *Journal of Law and Economics*, 18:875-901, 1975.

LEGOMSKY, Stephen H. *Specialized justice*: courts, administrative tribunals, and a cross-national theory of specialization. New York: Oxford University Press, 1990.

LIMA-CAMPOS, Aluisio; KRAMER, Cynthia. criação de varas especializadas em defesa Comercial: uma necessidade para o comércio exterior brasileiro. *Revista do IBRAC*, São Paulo, ano 19-22, jul.-dez. 2012.

LITAN, Robert E. Speeding up Civil Justice. *Judicature*, 73:162-67, 1998.

LUBBERS, Jeffrey S. A unified Corps of Administrative Law Judges (ALJs): A proposal to Test the Idea at the Federal Level, 65, *Judicature 266*.

Maranhão, Juliano de Souza Albuquerque, AZEVEDO, Paulo Furquim de; FERRAZ JR., Tercio Sampaio. *Direito regulatório e concorrencial no Poder Judiciário*. São Paulo: Singular, 2014.

MARTIN, J. A.; WAGENKNECHT-IVEY, B. J. Strategic Planning Mentoring Guidelines: Practical Tips for Court Leaders. State Justice Institute: Alexandria, VA, 2000.

_____; _____. Courts 2010: critical trends shaping the courts in the next decade. Court Manager, 15(1), 2000.

MEADOR, Daniel J. An Appellate Court Dilemma and a Solution Through Subject Matter Organization, 16 U. Mich. J.L. Reform 471, 475-82 (1983).

MIDDLETON, Martha. Specialty courts: two more Justices speak out. American bar Association Journal (January), 69:23, 1983.

ORGANIZAÇÃO PARA A COOPERAÇÃO E DESENVOLVIMENTO ECONÔMICO (OCDE). The Resolution of Competition Cases by Specialised and Generalist Courts, 2016.

_____. Economic Surveys: Mexico 2013. OECD Publishing, Disponível em: <http://dx.doi.org/10.1787/eco_surveys-mex-2013-en>. Acesso em: 22 maio 2017.

_____. Judicial enforcement of competition law. Policy Roundtables, 1996.

PEEPLES, Ralph; NYHEIM, Hanne. Beyond the Border: An International Perspective on Business Courts. 17:4 Bus. L. Today, Mar./Apr. 2008.

PITTMAN, Spence C. Business Courts: Specialized Courts for Complex Business Litigation. 87 Okla. B.J. 805 2016. Available through: Pence Law Library, Washington College of Law.

POSNER, Richard A. Federal Courts: Crisis and Reform. Cambridge. Harvard University Press, 1985.

_____. Will the Federal Courts of Appeals survive until 1984? An essay on delegation and specialization of the judicial function. Southern California Law Review 56:761-91.

PRADO, Mariana M (org.). O Judiciário e o Estado Regulador brasileiro. São Paulo. FGV Direito SP, 2016. Disponível em: <http://direitosp.fgv.br/sites/direitosp.fgv.br/files/o-judiciario-e-o-estado-regulador.pdf>. Acesso em: 8 maio 2017.

REED, Jeremy. What is the Delaware Court of Chancery. Disponível em: <https://www.delawareinc.com/blog/what-is-the-delaware-court-of-chancery/>. 29 março 2017.

REED, Patrick C. The role of Federal Courts in U.S. Customs & International Trade Law, 1997, Oceana.

RIBEIRO, Ivan César. CVM e Judiciário: o efeito da incerteza jurídica nos investimentos em ações e a justiça especializada. *Revista DIREITO GV*, São Paulo, v. 3, n. 1, p. 35-56, jan.-jun. 2007.

ROOT, Elihu. *Public Service by the Bar.* 41 AM. Bar Assn. Rep. 355, 368.

ROTTMAN, David B. Does Effective Therapeutic Jurisprudence Require Specialized Courts (and Do Specialized Courts Imply Specialist Judges)? *Court Review. The Journal of the American Judges Association*, Volume 37, Issue 1, Spring 2000.

RUBENSTEIN, H. Strategic planning tools for futurists. *Futures Res. Q.*, 16(3), 5-17, 2000.

SADEK, Maria Tereza. *Judiciário e sociedade.* Rio de Janeiro: Fundação Getulio Vargas, 2006.

Seminário: Os desafios da judicialização da defesa da concorrência, da regulação e do comércio internacional. *Série Cadernos do CEJ*, Brasília, v. 32, 2015. Disponível em: <http://www.cjf.jus.br/cjf/corregedoria-da-justica-federal/centro-de-estudos-judiciarios-1/publicacoes-1/cadernos-cej/seminario-os-desafios-da-judicializacao-da-defesa-da-concorrencia-da-regulacao-e-do-comercio-internacional/@@download/arquivo>. Acesso: 9 maio 2017.

SHAPIRO, Martin. *The Supreme Court and Administrative Agencies.* New York: Free Press, 1968.

STEELMAN, David C. Caseflow Management: The Heart of Court Management in the Millenium, 33. *Court Review. The Journal of the American Judges Association*, Volume 33, 2000.

TOMAZETTE, Marlon. *Curso de direito empresarial*: teoria geral e direito societário. 4. ed. São Paulo: Atlas, 2012. v. 1.

UNAH, Isaac. *The Courts of International Trade*: Judicial Specialization, Expertise and Bureaucratic Policy Making. Ann Arbor: University of Michigan Press, 1998.

VAN HORN, C. E.; BAUMER, D. C.; GORMLEY, W. T. *Politics and Public Policy*, 3rd. CQ Press: Washington, DC, 2001. Vol. xiii. p. 366.

WILLIAMSON, Oliver E. *The Mechanics of Governance*. New York: Oxford University Press, 1996.

WOODWARD, D. R.; LEVIN, R. M. In Defense of Deference: Judicial Review of Agency Action. *31 Administrative Law Review*, 329, 332, 1979.

WORLD BANK. *Doing Business 2007 – How to reform*. Disponível em: <http://www.doingbusiness.org/reports/global-reports/doing-business-2007>. Acesso em: 18 maio 2017.

ZIMMER, Markus B. *Overview of Specialized Courts. International Journal for Court Administration*, August 2009. Disponível em: <http://www.iacajournal.org/articles/abstract/10.18352/ijca.111/>. Acesso em: 17 maio 2017.

Anexo

Poder Judiciário

Conselho da Justiça Federal

Corregedoria-da Justiça Federal

Processo: CJF-PPP-2016/00010

Assunto: **Proposta de criação e instalação de varas federais especializadas em Direito da Concorrência e Comércio Internacional.**

RELATÓRIO

O EXMO. SR. MINISTRO MAURO CAMPBELL MARQUES (CORREGEDOR- GERAL DA JUSTIÇA FEDERAL):

Trata-se de proposta de criação e instalação de varas federais especializadas em Direito da Concorrência e Comércio Internacional, após realização do Seminário "Os desafios da judicialização da defesa da concorrência, da regulação e do comércio internacional", realizado em novembro de 2015.

A proposta foi subscrita pelos Exmos. Senhores Ministros do Superior Tribunal de Justiça Ricardo Villas Bôas Cueva e pelo então Corregedor-Geral da Justiça Federal, Og Fernandes.

É o relatório

Processo: CJF-PPP-2016/00010

Assunto: Proposta de criação e instalação de varas federais especializadas em Direito da Concorrência e Comércio Internacional.

VOTO

O EXMO. SR. MINISTRO MAURO CAMPBELL MARQUES (CORREGEDOR- GERAL DA JUSTIÇA FEDERAL):

Trata-se de proposta de criação e instalação de varas federais especializadas em Direito da Concorrência e Comércio Internacional, a qual foi sugerida após realização do Seminário "os desafios da judicialização da defesa da concorrência, da regulação e do comércio internacional", realizado em novembro de 2015.

O debate abordou formas de como o Poder Judiciário poderia colaborar para o desenvolvimento de setores sensíveis da economia nacional, relacionados aos temas antitruste e comércio internacional.

As discussões travadas ao longo do evento conduziram à reflexão quanto à necessidade de adequação dos processos relativos à concorrência, à regulação e ao comércio internacional. E a esse respeito foram abordados diversos aspectos, tais como a formação técnico-jurídica dos magistrados brasileiros, a competência das varas federais, a duração do processo e a experiência internacional.

Pelo que se depreende do seminário, estão entre os principais litigantes, de um lado os agentes econômicos, empresários e investidores e de outro, as agências reguladoras, o Conselho Administrativo de Defesa Econômica - CADE e a Câmara de Comércio Exterior CAMEX.

Alertam os especialistas participantes do seminário que, em regra, o litígio envolvendo essas entidades reguladoras tem contornos de alta complexidade e, portanto, são de difícil resolução, o que é, segundo esses especialistas, agravado pela formação incompleta dos juízes que, de modo geral, não dominam totalmente as regras aplicáveis e os métodos utilizados pelas agências reguladoras. Aliado a isso, tem-se o fato da relativa insegurança jurídica que as frequentes modificações na regulação do setor específico provocam.

Após todos os debates e ponderações, concluiu-se que a especialização das varas federais tem sido bem-sucedidas em diversos ramos e acredita-se que a criação de varas especializadas em comércio internacional e concorrência iria constituir em um avanço tanto em relação à segurança jurídica quanto à estabilidade institucional.

Ao final do evento, por unanimidade dos presentes, aprovou-se uma moção para encaminhamento ao Conselho da Justiça Federal, de uma proposta de estudo para criação e instalação de varas especializadas da Justiça Federal.

A Secretaria de Estratégia e Governança do Conselho da Justiça Federal relatou que a proposta para criação de varas especializadas na área do direito concorrencial e comércio internacional amparar-se-ia, essencialmente, no fato de que a demora na solução de lides dessa natureza ocasionaria efeitos deletérios à economia, emperrando o desenvolvimento do país, isso porque a inexistência de especialização no judiciário para lidar com essas questões poderia engendrar severos desequilíbrios no mercado.

A AJUFE se posicionou de forma favorável à especialização das varas, afirmando que irá colaborar com o aprimoramento do Judiciário Brasileiro.

O Ministério do Desenvolvimento, Indústria e Comércio Exterior endossa a proposta de especialização em matéria econômica-empresarial, relatando que eventuais órgãos jurisdicionais especializados estarão melhor preparados para julgar causas relativas a assuntos que demandam notória expertise e que por isso requerem um maior aprofundamento na matéria.

A proposta foi enviada aos cinco Tribunais Regionais Federais para consulta, e quanto à criação de varas federais especializadas em Direito da Concorrência e Comércio Internacional, quatro tribunais regionais federais manifestaram-se favoráveis, enquanto o TRF da 1a Região não se posicionou, limitando-se a indicar dados estatísticos.

Quanto ao modo de instalação, três tribunais regionais federais posicionaram- se favoráveis ao funcionamento sem exclusividade, ou seja, que a unidade judiciária atue na especialização Direito da Concorrência e Comércio Internacional, em concomitância com outras classes processuais.

Os dados estatísticos demonstram que o quantitativo de demandas em direito da concorrência e comércio internacional não é tão expressivo, porém o pequeno número de ações judiciais nesse ramo do direito não deve ser obstáculo à criação de varas especializadas, o que, no caso em comento, pode ser resolvido com a atribuição de competência não exclusiva, conforme sugerido pelos tribunais regionais federais.

Considerando os argumentos dos órgãos interessados, observa-se que a demanda de feitos sobre direito da concorrência e comércio internacional, iniciada em juízo federal comum sem especialização, requer certo aprendizado, conhecimento técnico em direito de concorrência e maior especificidade na condução dos desafios para lidar com as complexas questões decididas pelo CADE, pelas agências reguladoras e pela Câmara de Comércio Exterior – CAMEX. A ausência de tal especificidade técnica tem realmente o potencial de acarretar certa morosidade na decisão.

Por sua vez, a experiência tem demonstrado que a especialização de varas federais em diversos ramos, como lavagem de dinheiro, crimes financeiros e questões agrárias, tem logrado êxito na Justiça Federal, ensejando maior celeridade nas decisões judiciais.

Nesse contexto, é plausível a sinalização positiva para que ocorra essa especialização também no Direito da Concorrência e Comércio Internacional, porém com competência concorrente.

A medida irá possibilitar maior domínio dos magistrados sobre ramos específicos do Direito, garantir o equilíbrio no andamento dos processos e contribuir para o planejamento e execução de negócios pelos jurisdicionados, além de favorecer a melhoria de soluções no desenvolvimento do comércio internacional e da economia brasileira, bem como para atração de novos investimentos, conforme assinado pelos órgãos envolvidos.

O modelo acolhido neste voto, de competência concorrente e especialização não-exclusiva de varas federais, não é inédito, na medida em que já é praticado no âmbito dos Tribunais Regionais Federais, merecendo ser mencionada, por sua importância e pelo público-alvo vulnerável e merecedor de proteção especial, a recente especialização de varas federais em julgamento de ações que tratam do sequestro internacional de crianças, relativo à Convenção de Haia.

Dessa forma, as sugestões enviadas pelos Tribunais Regionais Federais são no sentido de especializar (em matéria de direito da concorrência e comércio internacional), sem exclusividade, algumas varas já existentes, o que não causará aumento de despesa.

Diante de todo o exposto, voto no sentido de acolher em parte a proposta que deu início ao presente procedimento, a fim de recomendar, porém sem exclusividade, que os Tribunais Regionais Federais especializem varas federais em Direito da Concorrência e Comércio Internacional, com competência concorrente, nos termos da minuta de resolução, a qual submeto à apreciação deste Pleno.

É como voto.

Porto Alegre, 29 de maio de 2017.

Ministro MAUF Corregedor

RESOLUÇÃO N. 445, DE 7 DE JULHO DE 2017.

PODER JUDICIÁRIO
SUPERIOR TRIBUNAL DE JUSTIÇA
CONSELHO DA JUSTIÇA FEDERAL
DOU de 12/06/2017 (n. 111, Seção 1, p. 141)

Dispõe sobre proposta de especialização, com competência concorrente, de varas federais em Direito da Concorrência e Comércio Internacional.

O PRESIDENTE DO CONSELHO DA JUSTIÇA FEDERAL, no uso de suas atribuições legais, e tendo em vista o decidido no Processo n° CJF-PPP-2016/10, julgado na sessão realizada em 29 de maio de 2017,

CONSIDERANDO que nos termos do parágrafo único do art. 105 da Constituição Federal compete ao Conselho da Justiça Federal exercer, na forma da lei, a supervisão administrativa e orçamentária da Justiça Federal de primeiro e segundo graus, como órgão central do sistema;

CONSIDERANDO que a Lei n.11.798, de 29 de outubro de 2008, atribui ao Conselho da Justiça Federal a competência para expedir normas relacionadas ao sistema de administração judiciária, além de outras que necessitem de coordenação central e padronização no âmbito da Justiça Federal de primeiro e segundo graus;

CONSIDERANDO a posição favorável dos Tribunais no sentido da grande valia em especializar varas em matéria de Direito da Concorrência e Comércio Internacional;

CONSIDERANDO que a experiência tem demonstrado que a especialização de varas federais em diversos ramos tem logrado êxito na Justiça Federal, ensejando maior celeridade nas decisões judiciais;

CONSIDERANDO que a especialização não acarretará nenhum aumento de despesa, resolve:

Art. 1° Recomendar que os Tribunais Regionais Federais, na área de sua jurisdição, especializem varas federais com competência concorrente para processar e julgar feitos que versem sobre Direito da Concorrência e Comércio Internacional.

Art. 2° Esta resolução entra em vigor na data de sua publicação.

Min. LAURITA VAZ

Este livro foi composto na tipografia Minion e Myriad Pro,
impresso em papel offset 75g/m² pela Gráfica psi 7
para a Editora Singular em outubro de 2017.